JN056389

地方でひとりで起業する！

「オープンマインド式ウェブ集客術」×
「ランチェスター接客術」の経営戦略

Toshihiko Ureshino
嬉野敏彦
佐賀「うれしの金賞堂」代表取締役社長

standards

「はじめに」

「このまま死ねるか……」

２００８年3月、40歳のとき、私は家業を継ぐために、東京から佐賀の実家に帰ってきました。家業は大正12年創業の宝石店。現在ではオリジナルの婚約・結婚指輪や記念のオーダージュエリーの製作販売、さらにジュエリーリフォームや修理を手掛ける小さなお店です。

引っ越しの後片づけもほどほどに、店の状況を知ろうと当時の決算書を見たところ、凍りつきました。そこには両親から聞いていた経営状況と程遠い、予想以上にシビアな数字が並べられていたのです。厳しいのは承知で戻ってきたのですが、こちらの想像をはるかに超えていました。

でも、もう後戻りはできない。前の会社を退職するとき、取引先である百貨店の上層部の人に「いまさら佐賀に帰ってどうするの？」とか「田舎の宝石店でしょ？　大丈夫？」などと、せせら笑われて喧嘩になりそうになったことがあり、その悔しさも相まって、「このまま死ねるか……」と思ったのを、今でも鮮明に覚えています。

40歳から10年経て、顧客の80%がウェブ経由に

そのときから店の休みを月2回のみにして、正月休みを含めて年間休日合計26日、四六時中店を開けて試行錯誤しました。給料はゼロ。今にしてみれば〝超絶ブラック企業〟です。それでも長い間この体制で進めていたら、さすがに体を壊しそうになり、週1日でも休むようにしたのは、始めてから10年後のことです。

こんな状況の下、ウェブ集客のノウハウを必死で勉強し、自社サイトをつくり、〝競争戦略のバイブル〟といわれる「ランチェスター戦略」を練り上げ、自社オリジナル商品も立ち上げ、来店してくれたお客さんには丁寧に接客し、少しずつ経営体制を改善していきました。

その結果、佐賀県内からにとどまらず、福岡、長崎、さらに関西、関東方面からも多くのお客さんに来てもらえるようになり、遠くは北海道からも注文をもらえるようになりました。**今は新規のお客さんの80%がウェブサイト経由で、20%が口コミからという割合で**

す。紙媒体での広告は一切出していません。

来店してくれる方々はすべて、私にとって理想のお客様です。宝石店経営という天職の仕事をもらって、佐賀というのんびりした田舎の町で日々気持ちよく過ごすことができて、**「この12年間苦しかったけど、佐賀に帰ってきて本当に良かった」**と、今では心の底から思っています。

会社員を続けていれば、誰しもが一度は「独立したい」「家業を継ごうか」なんて考えたことがあるのではないでしょうか。若ければまだ多少の失敗は許されます。私の場合は40歳という微妙な年齢で、佐賀市のシャッター商店街の片隅にある、3代続く古い宝石店を継ぎました。職人の父が社長、母が専務で、私と併せて3人の家族経営の極小零細企業です。店の名前は**「うれしの金賞堂」**。祖父が名付けた店名で、古臭く聞こえるかもしれませんが、私はとても気に入っています。もともとは継ぐ気もなかったのですが、同じ業界の仕事を東京で20年近く経験してしまったこともあり、30代後半で何となく「継いでみたいなぁ」と思ってしまったわけです。

東京での20年近い業界経験、佐賀に帰ってから身に付けたネットの知識

東京の専門店では会社員の辛さ、首都圏でモノを売る厳しさ、人間関係の面倒くさ さなど、苦しい経験ばかりしてきましたが、それらも今では何事にも代えがたい財産です。佐賀に移ってからは、都心とは真逆の地方でモノを売る難しさ、集客の困難さもイヤというほど経験しました。会社員のときにはほとんど必要なかったインターネット、パソコン、ウェブサイトなどに関する知識も、佐賀に帰ってから身に付けました。

社会人になって30年の間で「地方と東京」「アナログとデジタル」「社長と社員」「大企業と零細企業」など、両極端に位置する出来事を、両方経験することができました。そこで52歳になった令和2年、ふと思ったのです。**私が独自で考えて実践している細かな集客・接客方法、そしてオープンマインドなウェブサイト構築方法が、「独立しようかどうか迷っている人」「家業を継ぎたいが不安がある人」「起業したばかりで試行錯誤している人」「これから起業を決意している人」にとってヒントになりえるのではないかと。**

私は集客のコンサルタントでもウェブサイト制作の専門家でもありません。地方のシャッ

ター商店街にある宝石店の、ただの頑固オヤジです。特定のコンサルタントの人から教えてもらったわけでなく、自分の頭で考えて実践しているだけなのですが、その分、私が伝えるものは小手先だけのテクニック的なものではないという自負があります。興味を持って読んでくださった方のお役に立てるなら、とても嬉しいです。

この令和時代を他人に左右されることなく、たくましく、自分なりの道筋で進んでみたら、きっと今までと違う人生が見えてきますよ。

Go your own way!

「地方でひとり起業」の逆転戦略 5STEP

STEP1【マインド編】

「地方でひとり起業」の心得を知ろう

（1）人脈ゼロ&資金ゼロ&顧客ゼロでもスタートできる
（2）顧客獲得のカギは「ウェブ集客」
（3）地方の人間関係の親密さを徹底活用する

STEP2【思考法編】

「ネットとリアル」「都会と地方」の格差を逆利用しよう

（1）競争相手が少ない地域、勝ちやすい分野を見つける
（2）「何を買うか」ではなく、「誰から買うか」を意識させる
（3）ウェブでの情報発信と生身の接客を融合させる

STEP 3【テクニック編―①】

「オープンマインド式ウェブ集客術」を学ぼう

(1) ウェブ上で自分の個性を可能な限りさらけ出す
(2)「お客様の声」や実例サンプルを大量に公開する
(3) ユーチューブ動画で視覚情報を送り込む

STEP 4【テクニック編―②】

「ランチェスター接客術」を学ぼう

(1) たくさんの話題と選択肢を提供する
(2) むやみやたらな売り込みは慎む
(3) 来店後には必ず御礼ハガキを送る

STEP 5【仕上げ編】

「地方」で「ひとり」で「起業」しよう

(1) 初期投資はできるだけ小さく抑える
(2) 専門分野に一極集中する
(3) コロナ禍は「不安を消す」アクションを

STEP 1

「新規優良顧客80%・リピーター20%」の経営とすべし

STEP
2
「ネットとリアル」「地方と都会」「デジタルとアナログ」を融合せよ

STEP
3
「オープンマインド式ウェブ集客術」の7法則

STEP 4

「ランチェスター接客術」の8法則

STEP 5 「地方」で「ひとり」で「起業」したいあなたに

STEP 1

「新規優良顧客80%・リピーター20%」の経営とすべし

❶ 人脈ゼロ&資金ゼロ&顧客ゼロからスタート
❷ 顧客がいなければ、「ウェブ集客」からはじめよう
❸ ムダな紙広告は出すな、ウェブで勝負しよう
❹ 地方の人の温かさに素直な接客で返そう
❺ 〝小さな努力〟で再来店の可能性を1%ずつ積み重ねる
❻ SNSはひとつかふたつに絞って使え

STEP1―❶ 人脈ゼロ&資金ゼロ&顧客ゼロからスタート

私は東京の宝飾時計専門店に23歳から40歳までの17年間勤務して、銀座・新宿・大森・玉川・池袋などの直営店や百貨店での販売、店舗管理をしていました。日々の数字を見やりながら、トラブル処理や部下の指導に追われ、心身ともに最大限で疲れていたのが2007年ごろ。

こういうときは何をやってもうまくいきません。いろいろな事情も重なり、離婚して家族を失いました。当時、長男15歳、次男9歳。その際に財産も、わずかな退職金も、夢も希望もすべてを失いました。2008年に佐賀の実家に戻ったときには、引っ越し費用も使って残った全財産は数十万円。40歳で全財産がこの額なんて、ぞっとします。

当時、世の中は世界経済を襲ったリーマンショックで大騒ぎでしたが、一足早く自分に降りかかった〝ひとりリーマンショック〟で必死なあまり、私自身は世間の大騒ぎからは蚊帳の外でした。

STEP1　「新規優良顧客80%・リピーター20%」の経営とすべし

佐賀県佐賀市の小さな宝石店「うれしの金賞堂」

「あんなに一生懸命働いたのに、全部なくなってしまった！」

そしてとどめを刺すように当時の家業の経営状態は最悪です。そんなこんなで資金ゼロ。その他に毎月の養育費の支払いも私の焦りを誘いました。本格的に帰郷したのは18歳で佐賀を出た高校生以来だったので、当然のように友人、知人もゼロの浦島太郎状態。つまり人脈もゼロ。

「両親が長年経営していたなら、それなりに顧客はいるんじゃないの？」と思われるかもしれませんが、今までのお客さんたちはすでにたくさん買っているので、もうお腹いっぱい。年齢層としても両親と同世代の方ばかりなので、先を考えると必然的に新しい顧客をつくらないといけないし、将来的につくれなければ、いずれ廃業です。**つまりその時点で、私自身の顧客はゼロ。**その時の唯一の救いは大きな借金がなかったことと、後々感じることですが、両親が継げる店を残してくれたことです。

佐賀に戻って1週間ほど、「どうやってここで生き延びていこう」と悶々と考えていました。

「新しいお客さんに来てもらうにはどうしたらいいか」

「来店してもらうにはたくさんの人に店を知ってもらう必要がある」

「でも、広告にかける資金なんてない」

「そうだ！　ウェブサイトだ！」

というわけで、単純にもネットを使えばお客さんを集められると思い至りました。まだこのときは店舗のウェブサイトをつくるにあたって、たくさんのお金と知識が必要とも知らずに。

当然のように店にインターネット環境があるはずもなく、パソコンすら置いていませんでした。ただ、行動力だけはあったので、思いついた次の日には福岡まで行き、安いパソコンを買い、インターネット契約をし、その数週間後には回線工事を行いました。これで店と世界が繋がったのです。２００８年5月のことです。

STEP1―❷

「顧客がいなければ、「ウェブ集客」からはじめよう」

東京で仕事をした17年間では接客方法、業界の知識、店舗運営、数字の分析など、ありとあらゆることを経験させてもらったので、退職する際には「この商品、このサービス、この分野で勝負していこう」というプランが、具体的に頭にありました。さらに、〝反社の親分〟みたいな人からのクレームなどにも対応してきたので、実務に関してはもう怖いものなし、〝やり切った感〟はありました。

ただ、唯一足らなかったのがパソコンやネットに関する知識です。売り場管理をメインにしていると、パソコンを触るのはせいぜい在庫検索や社内メール、数字の打ち込み程度のものです。ウェブサイトの知識なんてまったく必要なかったのです。でも、今度はそうはいきません。ネットがつながったパソコンで四六時中、ウェブサイトに関する情報を漁っていました。

このときに初めてわかったのですが、佐賀市内はおろか佐賀県内全域においても、宝飾店で自社サイトを持っている店は1店のみ。しかもその店舗サイトも、たった3～4ページ程度の薄い情報しか載っていないものでした。**これならいち早く、しかももっと詳しい専門的な自社サイトをつくればうまくいくかもしれない、**そう思ったのです。

しかしその次に、ウェブサイトを制作会社や広告会社に外注すると70～80万円、下手すれば数百万円もかかることが判明しました。しかも一度つくったら終わり、というわけでなく、日々新しい情報などを更新しないと成果が出ないわけで、当然、更新するたびに新たな費用がかかるのです。これには頭を抱えました。

そこからはひたすら店が開店している間、ずっと必死のネットサーフィン。お客さんがゼロなのですから。やることがそれくらいしかないわけです。

そしてあるとき、総コスト数万円という低価格で自社サイトがつくれるという会社を見つけました。**「WEBマーケティング総合研究所」**という、創業間もない社員数人のITベンチャー企業です。この会社は**「ブログdeホームページ」**というサービスを提供していました。

これが私の運命を大きく変えたのです。名前の通りブログ形式で管理できるので比較的わかりやすく、自分で更新しながら、ウェブサイトがつくれるのです。そのときはちょう

STEP1　「新規優良顧客80％・リピーター20％」の経営とすべし

ど自分自身も私生活のことを綴ったブログを書き始めていたので、システムを触ることに抵抗がなかったのも幸いでした。

数万円でも当時の私にとっては大金でしたが、まずは同社の社長である吉本俊弘さんが書いた『**できる社長はネットで売らない**』（日経ＢＰ社）という本を読んでみることにしました。そこにはウェブサイトを使った営業によって実店舗にお客さんを集めるという、デジタルとアナログをうまく両立させた集客術が紹介されていて、まさしく自分の考えにピッタリだったのです。

それからすぐに申し込みを済ませ、自社ウェブサイトの第一歩がスタートしました。２００８年６月頃のことです。

この「ＷＥＢマーケティング総合研究所」は、今では新宿にオフィスを構えて、社員をたくさん抱える企業に成長し、現在は**「あきばれホームページ」**というサイト構築システムを開発されて、より一層の進化を遂げています。この会社のシステムについての詳細は後述しますが、この会社と出会えたからこそ今の私があると思っているほど、感謝しています。

STEP1―❸ ムダな紙広告は出すな、ウェブで勝負しよう

自社のウェブサイトをつくり始めるにしても、もちろん1日や2日でできるものではありません。それでも試行錯誤しながら毎日コツコツとコンテンツを書き、店舗や商品の写真を撮り、少しずつ制作を進めていきました。

それでもまだウェブ集客に確信が持てたわけではありません。「ウェブサイトを見たお客さんが来店してジュエリーを買う」という実例を見ていないからです。

自分の考えが間違っているとは思いませんが、不安は付きまといます。そこで、なんとか資金を捻出し、結婚関係の小冊子と地元のタウン誌に小さな広告を出してみました。結果は、何も起こらず。大切な資金をドブに捨てただけでした。

たとえ広告を出して来店客が増えたとしても、そのなかで私が本当に来てほしいと思う理想のお客さんの数は、決して多くはないと想像します。**たかが半ページ〜1ページの限られた文字数で美辞麗句を並べたような紙媒体広告からは、伝えたいことの大部分は伝わ**

らないと思うからです。その広告にQRコードやURLアドレスを掲載して、会社のウェブサイトに紐づけて誘導するようにできれば紙媒体広告もアリだと思いますが、そこまで持っていくのに数十万円という高額な広告費がかかります。潤沢な資金があればそれも近道でしょう。

しかし私は、広告費を広告会社に払うくらいなら、その分を来店してくれたお客さんへのサービスという形で還元したいのです。店を改装する、おいしいコーヒーを出す、サンプルを増やす、お礼の手土産に使うなど、お客さんに提供したいことはたくさんありますから。

そういうわけで、広告を出すくらいならSEO対策を必死で勉強して、グーグルのキーワード検索で上位表示を目指すように努力するほうが、コスト的には自分向きだと確信したのです。

また、大手結婚情報誌などに広告を出して来店客が増え、売り上げが倍増したとしたら、それから先もずっと広告を出し続けないと不安でしょうがない状態になるのでは、という予感もありました。結婚情報誌と一心同体、一蓮托生です。私には怖いことです。こんなことからも紙広告は出さないと、心に決めました。

そして、その日はとうとうやってきました。自社サイトをオープンして2ヶ月たったある日、ひとりの女性が**「ウェブサイトを見て来たんですが……」**と言って来店してくれたのです！　しかも、十数万円のジュエリーを購入してくれました。そのときの喜びと驚きは今でも忘れられません。そう、欲しかった結果が出たのです。

これで**「やはりウェブサイトしかない」**と確信して引き続き内容を更新していくと、修理の依頼や問い合わせがポツポツくるようになりました。そしてその約半年後、隣町の久留米市から今度は新婚の夫婦が来店して、結婚指輪の注文をしてくれました。新規で若年層のお客さんを集客したい、という私が掲げたビジネスモデルのもうひとつの柱である「結婚指輪」。この喜びも忘れられません。

ウェブサイトを見たお客さんが店に足を運ぶ。シンプル極まりないですが、これが私の理想です。

両親の現役時代は、いわゆる外回りでの販売が主で、店舗はあまり活用されていませんでした。私の性格上、外回り営業なんて無理です。しかもプライバシーやマンションなどのセキュリティの問題で、昔と違って〝訪問〟は難しくなり始めていたのです。だったら、お客さんのほうからわざわざ足を運びたくなるような商品づくり、店づくりをしないといけないのです。そう考えて、店内のディスプレイや接客環境の改善にも力を入れ始めました。

そうして少しずつ結果が出始めたある日。某大手ECサイトから「格安で出店しませんか」という連絡がありました。物は試し、勉強のつもりで1年間限定で出店しました。

これは結果からいうと、可もなく不可もなく、でした。ここでわかったことは、

「モール内でも広告を出さない限り売り上げは伸びないこと」

「価格競争は単価安になり利益率が悪いということ」

「発送やメールのやり取りでやたら忙しくなるということ」

「宝飾品は均一の品質と在庫量のバランスが難しいということ」

などでした。その一方で、ECサイトの裏側を見ることで得た知識は、後々自社サイトに活かすことができました。

1年間では大した利益は生み出しませんでしたが、運転資金や人材に余裕があり、全国に販路を広げたい方は挑戦してみるのもいいと思います。ただ、気をつけないといけないのは、**大手ECサイト内に店を出すということは、良くても悪くても元締めであるECサイトの意向にコントロールされているということです。**リアル店舗でいうと、百貨店にテナントが入っている状態と一緒なのです。2009年のことですが、これを書いている

２０２０年現在でも状況は同じでしょう。

この経験を通して、私がやるべきことは全国にモノを売ることではなく、店頭に足を運んでくれるお客さんが喜んでくれるサービスを提供することだと自覚しました。そして、佐賀という地域になくてはならない店になるべきだと。

ここで**「自社のウェブサイトを通じて店を知ってもらい、遠方からでも佐賀に足を運んでもらって、価格競争に巻き込まれない商品と接客で地域の一番店になる」**という目標が明確になりました。

STEP1－❹ 地方の人の温かさに素直な接客で返そう

ウェブ集客の話をしてきましたが、ここではリアル店舗での営業についてお話ししましょう。

17年間東京の売り場に立ち続けたおかげで、私はいろいろな店の、いろいろな人たちの接客を身近に見ることができました。もともと知らない人と接するのが苦にならない性格なので、自然とお客さんの気持ちを敏感に感じ取れたり、自分だけのスタイルのようなものが身に付くようになりました。

佐賀に帰って東京時代を振り返ってみると、都市部にいた当時は気づかなかったことがいくつか見えてきました。

「都会の情報・モノ・人の多さ」

「接客やサービスが行き届いた店の多さ」

「豊富な情報量を持っているがゆえに用心深いお客さんの多さ」

あくまでも個人の感想ですが、都会ゆえの商売の難しさがあったと思います。

一方、佐賀では、ネット文化のおかげで情報量はさほど都会と変わらないのですが、店舗の数は決して多くはなく、そしてお客さんは優しくて人懐っこい感じの方が多いと感じます。

ただ、一番気になったのは**「本当に素晴らしい、心が通った接客やサービスを体感した人が多くない」**ということです。そもそもの店舗数が少ないから仕方がないことなのかもしれませんが、隣には福岡、博多といった大きな都市があるにもかかわらず、これは残念なことだと思えました。

全体的に〝何となく〟のレベルの接客やサービスで満足してしまって、それ以上のことを求めたがらない。これが都会の競争社会ならば、よほど特別なサービスがなければ長続きしないはずですが、地方ではそこまで頑張らなくても、そこそこの商売が成立してしまうのです。

私はその部分に勝機を見出しました。**優しくて素直で人懐っこい佐賀の人たちに、自分が学んできた本当に良いモノ、気持ちの良い接客、サービスを伝えることができたら、もっとお客さんが愛してくれる店になるのではないかと。**そして、銀座や新宿や池袋という激戦地のど真ん中で経験したことが活かせるんじゃないかと。これは願ってもいないチャンスだと感じました。

全国の人ではなく、まず福岡、佐賀、長崎という北部九州の人たちに、自分の言葉で綴ったウェブサイトを見て何かを感じ取ってもらい、店に来て接客を受けてもらって、できあがったオーダーメイドジュエリーを目にして「こんな小さな店でも気持ちのよい買い物ができるんだ」と感動してくれたら、少なくともこの町で宝石店をやっていく自信がつくのではないか。

STEP1 「新規優良顧客80%・リピーター20%」の経営とすべし

店舗数が少ないので、行き届いたサービスを売り物にすれば商圏でトップの店になれるし、またそうならないと生き残れないと強く思いました。

こんなことを考えて接客しているうちに、いろいろな自分なりのルールがルーティーンワークとして身に付きました。もっとも、大手百貨店の研修で行われるような「お辞儀の角度は何度にしなさい」などという表面上の礼儀作法のことではなく、あくまで内面的なことです。

私はお客さんが来たら、「いらっしゃいませ」とは言わず、「こんにちは」「こんばんは」と言います。

服装もスーツを着なければネクタイもつけず、夏はポロシャツ、冬はタートルネックで通しています。作業用エプロンをつけたまま接客することも、多々あります。

地方の小さい店で、気さくで入りやすく、でも接客や技術は圧倒的にレベルが高く楽しい。そんな風にお客さんから一目置かれる店にしようと、心に決めていました。

STEP1―❺ 〝小さな努力〟で再来店の可能性を、1%ずつ積み重ねる

潤沢な資金もなく、知名度も少ない。そんな小さな店が生き残るためには、コツコツと日々の仕事を積み重ね、信頼を積み重ねるしかないのです。

よくネット広告で「簡単に、素人でも、誰でも稼げる」なんて謳い文句が見られますが、ビジネスにおいてそんなことは微塵もありません。やはり努力しないと何も始まらないし、しかも努力しても必ず報われるとは限りません。それでもやって、やって、やり続けてみないと、先すら見えないのです。

忙しいときもそうでないときも、疲れているときも元気なときも、気分がいいときも悪いときも、状況に惑わされることなく自分の信念を貫くのです。そうすると〝努力が報われる可能性〟が少しだけ上がると思います。

お客さんへの納品日を守る。約束をした日時に見積もりを連絡する。注文通りの商品を渡す。書いてみると当たり前のことばかりです。**競合他社のことばかり気にしても、それ**

STEP1 「新規優良顧客80%・リピーター20%」の経営とすべし

で勝てるわけではありません。そんなことを気にするより、自分ができる最大限の努力と最善を尽くすことを考えたほうが建設的です。

具体的な戦略は「STEP4」で後述しますが、決して上辺だけのテクニックではありません。いかにしてお客さんの信頼を勝ち取るか、お客さんの期待に応えられるか、ただそれだけを考えるのです。

それはウェブサイトづくりでもいえることです。自力でつくり上げていくのですから、いきなり素晴らしいサイトができるわけがありません。**毎日少しずつ、コツコツとコンテンツを積み重ねるのです。3日に1ページできれば1ヶ月で10ページ、1年続ければ120ページの充実したサイトに成長します。**技術的、専門的な知識も必要かもしれませんが、私はそれを量でカバーすることにしました。しかも常に変化させて、今なお、日々試行錯誤してます。

そうやって何事もコツコツ継続して修正していくと、必ず霧が晴れる瞬間が来ます。私はお金をかけて何かをし始めると結構しつこいほうなので、なにがなんでも結果を出すまで、と思ってやり続けます。そうしてやり続けるうちに、競合他社が追いつけないほどの技術力や接客力が身に付きました。

接客においてもまったく変わりません。技術や商品の違い、良さ、特徴をいかに理解してもらえるか。同時に他店と比較しても再来店してもらえる可能性を、いかにして1％でも上げることができるか。それらを考え抜いて、接客には最善を尽くします。

ですから、接客時間は1～2時間の長さになります。長い時には3時間を超えます。

そんなに長く話すような話題があるのか不思議に思われるかもしれませんが、**商談の話は6～7割、その他はお客さんや私のプライベートの趣味や生活の話です。**とりとめのない雑談でも、お客さんは楽しんでくれます。オーダーメイドのジュエリーや結婚指輪の製作、ジュエリーのつくり替えというサービスの特性上、一度の来店ですんなり決めてもらうことはありません。コツコツと、お客さんの記憶の中に競合他社が入るスペースを減らす努力をしているのです。

技術的にも同じことがいえます。いろいろなオーダーを受けているうちに、新しい技術を試したり、設備の情報を集めたりしているうちに、いろいろな引き出しが増えていき、その技術を新しいお客さんに還元していくのです。いきなり高い技術が身に付くわけではありません。日々切磋琢磨しているうちに、自然といろいろな方法を手に入れていくものなのです。

STEP1－❻

SNSはひとつかふたつに絞って使え

２００８年当時のＳＮＳでは、インスタグラムとツイッターはまだ登場しておらず、フェイスブックとユーチューブは始まったばかりで、今のような多種多様なサービスは提供されていませんでした。２０２０年現在は無料で使えるＳＮＳがたくさんあり、多くの方が店や個人の情報発信で使っています。

私のＳＮＳの活用パターンは、以下の通りです。

○インスタグラム……製作したジュエリーと趣味の画像を時々アップする程度。
○ツイッター……まったく利用せず。
○ユーチューブ……店の紹介動画や自社の結婚指輪をクルクル回した動画などを自社サイトにリンクして利用。
○フェイスブック……当初は少し利用していたがどうも性格に合わないらしく、現在は

冬眠中。

○ブログ……2008年当初から約7年間、プライベートを綴ったブログ「アラフォーバツイチ父さんの疾走日記」を更新。効果のほどは「使う価値あり」。2020年現在はお休み中。

実感からいうと、事業内容に見合って利用しやすいものを重点的に使えばいいと思います。**私の場合でいえば、大きな柱はまず自社サイト、そこにユーチューブ動画を連動させているくらいです。**

たくさんのプラットフォームに手を出して惑わされるのが嫌なのと、自社サイトだけで十分な反応を得ているので、そこにつぎ込むパワーを他に使いたくないのです。各々の印象は、

○ツイッター……口コミやキャンペーン情報。
○インスタグラム……美容、ファッションなど絵的に映える素材。
○ユーチューブ……動画で見たほうがわかりやすい情報。

○フェイスブック……個人のブランディングのための情報発信。
○ウェブサイト……大量の情報を深いレベルで発信。
○ブログ……個人の情報を文章で発信しながらブランディングできる。

といったところです。

共通していえるのはほぼ無料で、かつ簡単に始められるということです。

ウェブサイトに関しても無料で使える制作ツールがありますし、ウェブサイト以外は個人でも店でも比較的簡単にすばやく情報更新ができるため、手を出しやすいはずです。しかも集客にも即効性があり、ツイッターで「発注量間違いで大量在庫をかかえてしまいました」と呟くとあっという間に広まって即完売、というケースもよく聞きます。ケーキ屋さんなどで「雨の日は20%引き！」とツイッターやフェイスブックなどに書き込めば、効果てきめんでしょう。

ただ、その反面、持続性が期待できず、以前に知人から「ツイッターには作り手がいい商品作りをしているとか、店主のこだわりとかよく書かれているけど、そんなのは必要ないんだよなぁ」と言われたことがあります。そう言われると、私の営業方針からは少しずれてしまいます。フェイスブックで会ったこともない〝友達〟から100個の「いいね」をもらうより、来店してくれた1人のお客さんから「よかった」をもらいたいのです。私には店頭でもらう〝承認欲求〟しかありません。

また、SNSはとにかく日々情報が更新され、流されていくので、自分が出した情報はすぐに埋まって消えてしまいます。さらに、商売っ気を出しすぎたり、自己アピールが過ぎると、かえってマイナスイメージにつながり、場合によっては〝炎上〟の火にさらされたりすることもあります。とにかく加減が難しいのです。

したがって、**むやみやたらにいろいろなSNSに手を出すよりは、自分の業務形態にあったひとつかふたつのサービスに集中して活用するほうがいいでしょう。**やり続けていないと本質は見えてこないし、浅く広くちょこちょこ更新していても、あっという間に情報が流されてしまって終わりです。

私のような宝飾品を扱う業務だと、インスタグラムがいちばん合っているように思います。ダイヤモンドリングの写真画像を随時アップしていけば、それだけでユーザーの目を引きます。

これがツイッターで「本日雨の日！　ダイヤモンド2割引き！」と投稿しても、大した反応は得られないばかりか、そもそも本意ではありません。**きっちり商品を吟味してもらうような職種なら、それなりにじっくり見てもらうようなプラットフォームでないと効果が薄いのです。**

宝飾品は一般の人にはわかりにくい、特殊で高額で、専門性が高い商品です。このような商品や業種ほど、販促ツールとしてはウェブサイトが最適だと思います。

ただ、ここで大きな問題となるのがいわゆる「SEO対策」、検索エンジンでいかにして上位にきて、ユーザーの目につきやすいようにするかの問題です。いくらお客さんに有益な情報をたくさん発信しても、検索結果の上位に表示されなければ、誰にも気づいてもらえません。この問題については「STEP3」で詳しく取り上げます。

それから、私がよく使っていたのはブログ。他の新しいSNSの台頭で廃れていくかと思いきや、ブログの利用率もあまり減っていません。私もウェブサイトにリンクしながら7年ほど書きましたが、**自社ウェブサイト内の自分とは少し違う自分を表現するにはとてもいいツールです。**

それを見たお客さんの感想も、好感触なものが多かったです。仕事以外の店主の意外な、プライベートな一面を吐露するには最適なツールだと思います。私もいずれ再開したいと思っています。

初めは何事も手探りでいいと思いますが、**前述したようにSNSは最終的にはふたつくらいに絞り、とことんやってみることが重要です。**

私の場合はウェブサイトが命、それに連動したユーチューブが次、インスタグラムはお客さんに投稿をお願いしたりして利用法は模索中、ブログの良さは体感したので時期を見て再開、といった具合です。

STEP

2

「ネットとリアル」「地方と都会」「デジタルとアナログ」を融合せよ

❶ 地方にはデメリットより、メリットが多い！

❷ 隠し事をしない、売り込まない、〝人〟として接客する

❸ 小さな店はオリジナル商品で勝負

❹ 「地方でひとり起業」を成立させた4つのビジネスモデル

❺ 接客から納品までのハードルを「ランチェスター接客術」で乗り越えろ

❻ 「ネットとリアル」「地方と都会」「デジタルとアナログ」の経営術

STEP2－❶ 地方にはデメリットより メリットが多い！

私の祖父、父は宝飾細工職人としてそれぞれ60年間、70年間という長い期間にわたって、店を営んできました。大正から昭和、戦前から戦後、高度経済成長時代の真っ只中を生きてきました。

そこそこ普通にやっていけば誰でも、どの店でも同じように成長でき、売り上げが取れる時代でした。インターネットなんてものはまだ存在しない時代なので、お客様が商品や店の情報を得る手段は広告からか、直接店主から、それと街の評判からくらいのものでした。

しかも、その商品の専門的な情報は販売員や店主からしか聞けません。いわゆるプロからしか情報を得られなかったのです。そうなるとお客様と売り手の関係では、売り手のほうが〝上から目線〟になるケースが多かったと思われます。

「私の言う通りに、これを買っておけば大丈夫ですよ」

「いえ、私は別のタイプのものを探しているんですが」

昭和44年の「うれしの金賞堂」店舗前にて、祖父・父・著者（中央で父に抱かれている。当時1歳）

「いやいや、今はこれが絶対お買い得ですよ」

　こんなふうにお客様が売り手にコントロールされてしまう時代でした。実際、私も両親の接客で同じような場面を目のあたりにしたことがあります（10年以上前の話です）。それを見た正直な感想は「おいおい、それじゃ売れないでしょう？」でした。相手がお得意様や友人だったら、そんなやり方も十分アリかもしれません。しかし、初めて来店されるようなお客様には正直困惑ものです。

　家業を継ぐとこんな接客方法、販売方法だけでも、考え方の違いから衝突します。このような話は私の店だけの問題ではありません。家業を継いでいる同級生やお客様の話を聞くと、ほぼ同じ悩みを抱えているのです（この件にまつわる、スムーズな事業承継の方法については、「ＳＴＥＰ５」で具体的に述べます）。

テレビなどでよく見かける、頑固なラーメン屋の主人が「しゃべらないで黙って食え」というようなシーン。それが悪いとは言いませんし、それが是とされた時代も確かにあったでしょう。しかし、現代においてはどうでしょう？

インターネットで調べようと思えばありとあらゆる事柄が簡単に調べられて、正直な口コミが見られてしまう時代です。**売り手がお客様をコントロールできる時代ではないのです。お客様と同じ目線で、お客様のニーズに合った提案、他店では真似できない技術、楽しい接客時間、良心的な価格、すべてを高いレベルで提供しないと、生き残っていけないのです。**小さな個人企業は、特にです。

ですが、高度経済成長時代の輝かしい成功体験がベースになっている人には、それが理解できないのです。

特に私の店の場合は、宝石という、わかりづらくて、特殊で高額な商品です。しかも「売り手」でもあり、「作り手」でもあるので、やや〝上から目線〟の商売なわけです。確かに、

STEP2 「ネットとリアル」「地方と都会」「デジタルとアナログ」を融合せよ

「売り手」「作り手」の両方を備えているということは、大変優位な立ち位置でもあります。メーカーとして専門的なアドバイスができる知識や技術があり、さらにきめ細やかな接客ができれば、これは鬼に金棒です。圧倒的な優位点です。

昔はそんな職人気質と経営者気質を兼ね備えていような店も商店街に多数存在しましたが、現在ではそんな店はほとんど見かけなくなってしまいました。地方であれば、大型ショッピングセンターに無数のお店も入ってますが、そのほとんどが、ただ販売するだけのお店です。

ということは、逆に考えると、「売り手」「作り手」を兼ね備えたビジネスは、戦う土俵がそもそも違うので、競争相手が少ないといえます。**「店頭でのきめ細やかな接客」×「職人としての専門的アドバイス&技術」、これに「ネットを駆使した集客術」ができれば、どんな成果が見込めるでしょうか？**

現在、地方では少子高齢化、人口減少、都会への若者の人口流失など、問題を上げたらキリがない状態です。都市部に比べてどんどんお客様が少なくなっていくのは確かに由々しき問題ですが、私のような一市民がそんな大それた問題を、そもそも解決できるわけがありません。

ですが、数字で見れば、佐賀県の人口は約80万人。福岡県の人口は５１０万人。長崎県は１３２万人。つまり、九州北部３県で７２２万人！　これで「人が少ない」とは、決して言い切れないでしょう。

私は、世間の思い込みとはまったく逆に、地方にはデメリットより、メリットのほうが多いように感じています。

まず、競争相手が少ない佐賀県のような場所であれば、他県に比べて圧倒的にアピールしやすいのです。地方は都会と比べてコミュニティが小さいため、人と人との結びつきが強いように感じます。言い方を変えると口コミが広まりやすいのです。これは大きなメリットだと思います。

お客様からもよく、「佐賀はやっぱり、口コミよね」と言われます。東京はお客様の数は多いのですが、同時に店舗数も情報量も多いので、口コミを広げるのは難しかった記憶があります。

勝ちやすい、競争相手が少ない地方で、勝ちやすい分野で、一番になる。これが、「ランチェスター戦略」の基本です。

STEP2　「ネットとリアル」「地方と都会」「デジタルとアナログ」を融合せよ

私の場合で言うと、

○佐賀県もしくは福岡、長崎、北部九州という地方中心の営業。
○鍛造《たんぞう》というアナログで特殊な製法のオーダーメイドの結婚指輪と、最先端デジタル技術を使ったリフォームジュエリー、オーダーメイドジュエリー。
○他に真似できない技術&きめ細やかな接客。

この3つの戦略で、地域一番店になりました。

先ほど触れた口コミについては、地方では少し違う意味もあります。地方でも都会でも、いろいろ経営者の集まりや団体があります。この集まりや団体に属することで、顔見知りになり、そこから紹介や受注なりのビジネスにつなげているケースも多いようです。「店のサービスや内容が素晴らしい」という口コミでなく、「私はこんなビジネスをしている」という顔見知り程度の表面上の口コミです。

自分のビジネスを知ってもらうきっかけとして悪くないと思いますが、**そうすると何が起こるか？　値引きです。**

紹介されたり、顔見知りだったらその部分も期待され、結局は値段をコントロールできなくなる。魅力は価格だけ、ということになります。

しかも、そうした閉じたコミュニティ相手のビジネスを続けていると、まったく見ず知らずの新規顧客を自分の力で獲得するパワー、戦略、能力が育たなくなる。そこまで深く考えなくても地方という小さなコミュニティでは、地域内の結びつきさえあればそこそこ商売が回ってしまうので、気がついたら時代から取り残されている、なんていうことも、ままあります。

幸か不幸か、私は何の団体にも属していません。宝石店の組合、なんていうものもありません。前章で語ったとおり人脈ゼロ、友人ゼロ、顧客ゼロから始まっているので、新規顧客獲得における熱量が大きく違う気がします。

おかげさまで私の店はウェブサイトを見て私の技術やサービスに興味を持ってくれる新規のお客様が80%、残りの20%は以前に利用してくれたお客様からの真の「口コミ」のお客様と、リピートのお客様です。

この宝石業界は「定価から○○%引き!」などと値引きしている時代が長く、今でも2重価格を提示している店があります。宝石の価格なんてあるようでないも当たり前、とい

STEP2 「ネットとリアル」「地方と都会」「デジタルとアナログ」を融合せよ

う不信感を持たれている業界です。私が好ましく思わない「口コミビジネス」では、いつまでたっても内輪の値引き商売のままです。

私が目指す「口コミビジネス」とは、お客様と店側が対等になるものです。上も下もありません。

自分の技術やサービスを駆使してお客様が希望する最善の品物を、適正でかつ良心的な価格で提供する。そして大きな満足感を提供する。そこに値段競争や値引きが介在することは論外なのです。

最近は疲弊した地方商店街の店が閉じて、シャッター商店街になったという話もよく聞きます。近くに大型ショッピングセンターができたからというのが原因とよく聞きますが、それだけではないのです。どういう品物で、どんなサービスで、どんな技術で、新規顧客を開拓していくか。それを深く考えないで、上り調子の時代の感覚のまま、内輪で商売していたツケがまわってきただけのようにも思えます。

しがらみがなく、優良で理想のお客様は自分の力で探す。きついようですがこの意識が低いのが地方の問題です。

STEP2―❷ 隠し事をしない、売り込まない、〝人〟として接客する

東京で在職していた会社では、途中入社にもかかわらず入社3年目で店長を務めさせてもらいました。

当時、店長というと40代後半～50代の人が大半でしたが、私が就任したのは25歳のとき。「入社3年で店長なんて初めてだよ！」と、よく言われました。

店長として配属になった店舗は新宿ルミネ2店。よく大雨情報や大雪情報のときにテレビレポーターが中継していることで有名な、新宿駅南口にあるファッションビルです。吉本興業の劇場『ルミネ the よしもと』が最上階にあるビルというとわかりやすいでしょうか。

店があるフロアは当時、〝ジュエリーマーケット〟と言われたほどの、アジア最大のジュエリー店集積フロアで、その数、実に30店。目の前、横、斜め前、斜め後ろ、見渡す限りが宝石店でした。店の形態も、よく知られているようなブランドジュエリー店や業界大手

の店に全国チェーン店、店舗面積もスタッフの数も千差万別で、さまざまなタイプの店がひしめき合っていました。

私はそこで1994年から2001年までの7年間、店長として勤務していたのです。店のスタッフは男性の私ひとりと女性が3人の、計4人。スタッフとの関係性は良かったので、自分の店舗VS他の29店舗の戦いに集中できました。ここでの約7年間の店長経験が今の私を支えているといっても、過言ではありません。

ここでは精神的にこたえることが、ふたつありました。

ひとつめはJRが管轄していたショッピングセンターなので、売上げ至上主義の最先鋒として、ジュエリーマーケットが注視されていたことです。期待をかけられているのならいいことなのではと思われるかもしれませんが、夏のセール、冬のセール、ホワイトデー、クリスマスのような繁忙期間中は毎日、フロアの30店舗すべての売り上げ、坪単価、客数が一覧表となって配られ、順位がつけられるわけです。売り上げが良ければともかく、悪かったら余計に心中穏やかではありません。ブライダル中心の店、ファッションジュエリー中心の店、ピアスが中心の店など形態はさまざまでしたが、私の店舗は10位から15位ぐらいを行ったり来たりしていました。

ふたつめは自分が接客したお客様が、違う店で大金を支払っている場面を見せつけられることでした。30店舗も宝石店があるので、お客様は次から次に宝石店を廻るわけですが、私が1時間ぐらいダイヤモンドの婚約指輪で接客した後に、目の前の店で、ほんの5メートル先のカウンターで1時間半接客され、しかも最終的に売られてしまう。生き馬の目を抜かれるのです。

お客様を取られるほど悔しいことはないので、特に土日、祝日、12月の繁忙期は、昼休憩時間も行きつけの立ち食いソバ屋で食事だけ済ませて即、売り場に戻る。そんな生活を7年間続けました。

当時は宝石の卸しの町、御徒町も「卸価格で小売り」をし始めていたときで、自分のフロアの他店舗と戦いながら、さらに御徒町という地区と戦い、また一方ではブランドショップが立ち並ぶ銀座の街と戦いながら、激戦区・東京でどうしたら売り抜けられるかを、常に考えていました。

御徒町には価格で勝てない、銀座にはネームバリューで勝てない、周りの大きな店舗には坪数とスタッフの数、商品の数などで勝てない。ではいったい、どうやって売ったらいいのか？

たどりついた答えは、

「隠し事をしない。売り込まない。〝人〟として接客をしながら自分を売る」

これだけでした。

ただやみくもに売り込むだけの接客ではありません。専門的なこと、価格のことを包み隠さずわかりやすくアドバイスしながら、私が売りたいものでなく、そのお客様に何が最適なのかだけを考えて接客するのです。

今風にいえば〝顧客ファースト〟。お目当ての品が自店になければ、他の店舗も気持ちよく紹介したりもしていました。多くの店が売りたいジュエリーを押し付けたり、販売目標優先の接客だったので、私の接客法は目新しく映ったと思います。

こんなやり方をしていると、自ずと接客時間が長くなり、お客様といろいろな話ができるようになります。宝石のことだけでなく、お客様ご自身のこと、趣味のこと。

そんなやりとりをしていると、お客様との距離も自然に近くなります。すると、ありがたいことに、他の店舗を回っても**「たぶん価格、品質、どこもそんなに変わらないはず。だったら嬉野さんから買おう」**と戻ってきてくれるのです。

自分のことをわかってくださるお客様が必ずいる。そう思って、知らず知らずのうちに販売員としてではなく、〝人〟として接客していたのです。現在では結婚する若いカップルなどは、情報を得るときはインターネットというデジタルツールを使いますが、いざ来店すると、販売員の接客スキルや製作している人の考えなどのアナログな部分を敏感に感じ取ってくれます。人と人、顔を見て話をしながら買い物をしたいと思っているのは老若男女変わらないと、実感するようになりました。

「何を買うか」より「誰から買うか」。これを一番に意識して今でも接客しています。

もうひとつの答えは店の特色を明確にすることです。それはすなわち、ブライダル商品を拡充することでした。

○ペアで販売できる結婚指輪の拡充。

○他店より価格は高いが品質が素晴らしいダイヤモンド婚約指輪の拡充。

結婚指輪は季節問わず、安定的に受注、販売できるものです。クリスマス、ホワイトデーなどのイベントや景気の動向などに惑わされることのない、数少ない商品です。お客様にとっては幸せで楽しいお買い物で、店にとっては先の売り上げのめどが立つという、ありがたい面もあります。また、これから長く顧客になる可能性がある、新規の若いお客様を獲得できるきっかけにもなります。

そのため、商品の種類を3倍に、陳列するショーケースの面積も3倍にしました。当然売り上げもアップしていき、同じフロアの他店がこちらを見る目が、いい意味で変わったことを記憶しています。

ダイヤモンドの婚約指輪の場合は、価格競争しても他店に負けてしまいます。**なので、初めから開き直って、「うちは他よりも少し高い」と言い放ってました。そして「なぜ他店より高いのか」を明確に細かく説明しました。**

当時、「他よりも安い」という販売店はあっても、「他よりも高い」と言い切る店は珍しかったと思います。でも、真摯に接客していると、高くても売れるのです。値段、ネームバリューだけで判断しないお客様も必ずいるのだというのが、このときの経験でよくわかりました。

このことは店長になって3年目に入ったときに、ある外国製の特殊な商品を取り扱ったことにより、はっきりと確信しました。

シンプルながら特殊な製造法で強度にすぐれた「鍛造」製リング

当時はまったく無名だったそのスイス製の指輪ブランドは、特殊で強い「鍛造」というリング製法で結婚指輪をつくっていました。とても素晴らしく、シンプルでしたが、販売価格は通常の結婚指輪の2～3倍。しかも、店頭導入にはかなりの金額がかかります。迷いましたが、本部に直談判して導入を決め、店長の私が率先して売りました。

するとと驚いたことに、その作りの良さ、違いなどの本質的な部分を丁寧に、細かく説明していくと、着実に注文が取れていきました。もちろん単価は他の店の倍以上です。他店にはない品物の良さをわかってもらえて、他店より高くても再来店して気持ちよく注文してくれる。そのたびにとても充実した気分を味わえました。

○他では真似できない「鍛造製」という特殊なオーダーメイドの結婚指輪。
○他では真似できないデジタル技術を駆使したデザインのオーダーメイドの婚約指輪。

このふたつの個性は、いまだに現在の私のお店の大きな柱になっています。

店長1年目でブライダルを中心とした店づくりにして、その後6年間順調に売り上げも接客技術も上がり、社長賞までもらえたのは、これまでの長いキャリアの中で私の小さな誇りとなりました。

「STEP2―❸ 小さな店はオリジナル商品で勝負」

新宿ルミネ2店を皮切りに、西銀座店、大森プリモ店と直営店3店を店長として経験したのち、とある百貨店の売り場の店長に配属されました。

直営店と百貨店の売り場では営業運営形態がまったく異なり、大変とまどいました。百貨店の中ではあくまでもテナントのひとつという弱い立場で、売り場に関しても百貨店の意向が強く、自分の意志だけではどうしようもないことも、納得いかないこともたくさんありました。

それでも、悪い話ばかりではなく、外商部員と共に顧客の自宅やスポーツ選手や芸能人の自宅に行き商談したりなど、おおよそ直営店ではありえないような華やかな場面も、たくさん経験させてもらえました。

逆に、いわゆる〝反社〟の親分さんのクレーム処理を百貨店から依頼されたりもしました。ひとりで親分さんの自宅に行き、1対1のサシできっちり話すのです。まあ殺されることはないだろうと腹をくくって、堂々と対話し、最終的にはうまく収まりました。これ以外でもクレーム処理はいろいろ経験しましたが、この経験のおかげでもう怖いものはなくなりました。

また、百貨店にいたおかげで、その内側も見ることができました。一言でいうと、「デパートはとても保守的」ということです。トラブルになるようなことは、基本的に受けないでほしい。つまり**「オリジナルデザインのオーダーメイドジュエリーなんてトラブルになる**

からやめてほしい」というわけです。

すべてがこんな感じだと、有名ホテルで大規模な展示会を開き、莫大な量の品数で、しかも値引きして、現物を売るしかない。その当時、私は時計を扱っていたのですが、時計はもともと外国製ブランド商品が主で、オーダーメイドなんてありえないから、新作や人気商品、限定商品に頼らざるを得ないのです。

既製品が悪いというわけではありません。わかりやすいし、トラブルも少ないでしょう。でも、それは大手有名百貨店で扱われるからこそ売れるわけで、現在の私の店のような地方の個人店が同じ既製品を売っても、誰も買いに来たりしません。だったら有名ブランド店、百貨店、大手チェーンがやらない、やりたがらない分野で勝負しないと、中小の店は生き残れないのです。

私の場合はそれがジュエリーリフォーム・作り替えや、オーダーメイドの結婚指輪・婚約指輪という分野でした。他店で陳列しているようなメーカー品やブランド品は、まったく取り扱わないのです。

有名ブランド店で購入する方はブランド志向というより、「小さな店だと変なものを高く売りつけられるかもしれないし、大手ブランドだったら高いけれど安心料だと思えばいいのではないだろうか」という思い込みが強いように思います。どうやったらそうした不信感を取り除けるかが、私の店のような小さな店にはとても重要な問題で、私の場合は自社のウェブサイトからこまめに情報発信して、信頼感を打ち出すようにしています。インターネット上では店が大きかろうが小さかろうが、有名だろうが無名だろうが、まったく関係なく平等です。

この百貨店での3年間の経験は、自社独自のモノづくりでオリジナル商品を展開する必要性を確信した3年間でした。

STEP2－❹
「地方でひとり起業」を成立させた4つのビジネスモデル

地元の佐賀に戻った2008年に粛々と考えました。直営店と百貨店での計17年間の経験を基に、自分は佐賀で何を売ればいいのか？

ここからは、宝飾加工業界のやや専門的な話になりますが、少しだけおつきあいください。

STEP2　「ネットとリアル」「地方と都会」「デジタルとアナログ」を融合せよ

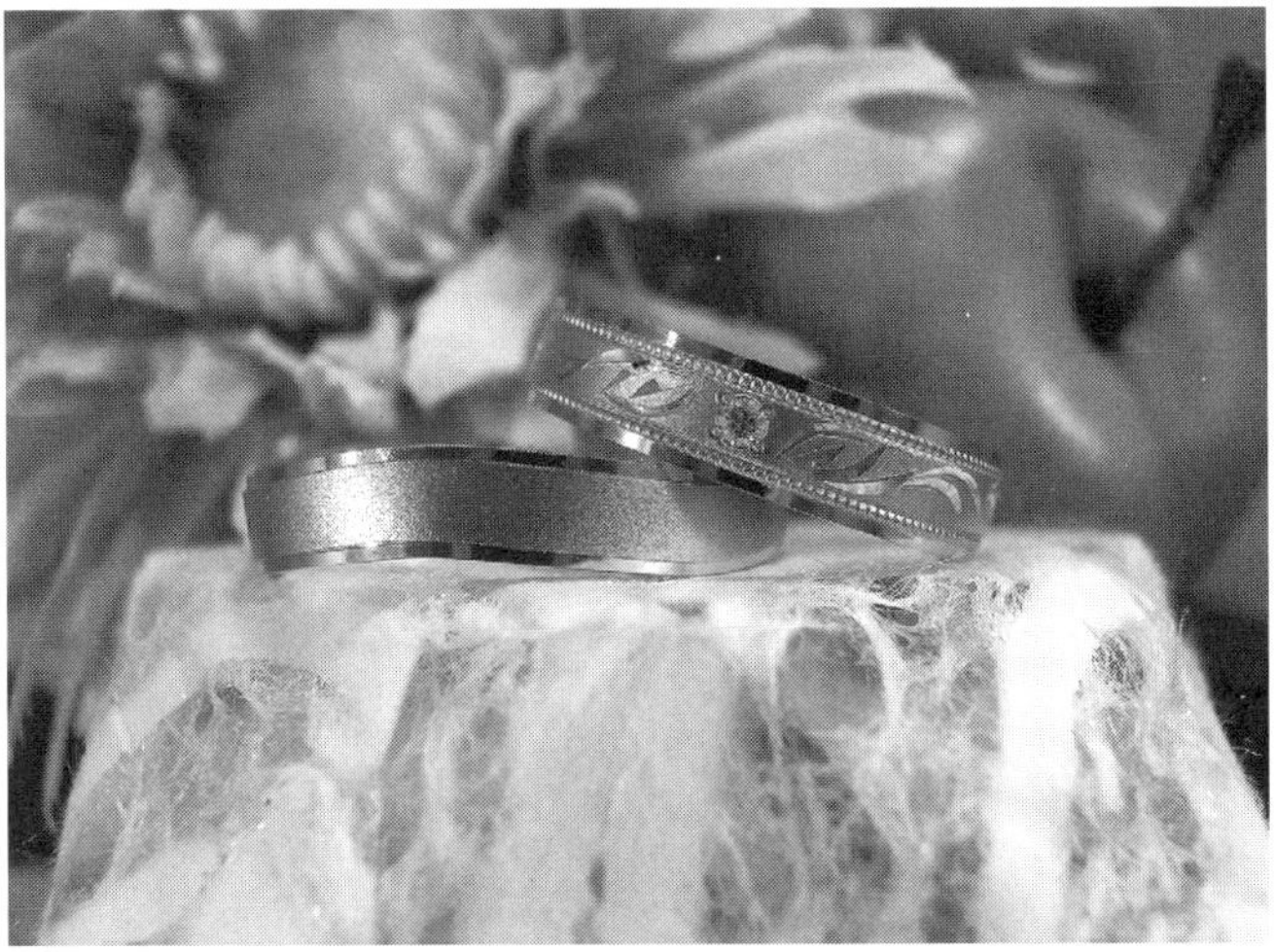

「うれしの金賞堂」オリジナルの鍛造製の結婚指輪。他店ではあまり見られない製造法でつくられている

まず結婚指輪について。現代はパソコン、設計ソフトなどを使ったさまざまなモノづくりが可能ですが、ジュエリーも同様です。**「CAD」という設計ソフトを使い、原型をつくり、型をつくり、そこに金やプラチナといった貴金属を流し込んで造形する、いわゆる「鋳造《ちゅうぞう》」がほとんどです。**設計ソフトでデザインするため、多様なモデルをつくることができるのが特徴で、おかげで昔とは比べ物にならないほどの数多くのデザインがショーケースに並んでいます。大手にかかわらず小さなショップでも、オーダーメイド結婚指輪のほとんどがこの製作方法です。

ですが、私の場合、新宿店時代に取り扱

い、デザインがシンプルでもたくさんのお客様に好評だった鍛造製の結婚指輪を、どうしてもお店の主力商品にしたいと思いました。この「鍛造」という製法は変形に強くて、硬いのです。硬くプレスして、貴金属密度を高くした塊からリングを造形する、昔ながらの素晴らしい方法です。ただし、設計ソフトや型やコンピューターなどを使わないため、デザインの融通が利きません。これが最も苦労する点でした。

結果として見た目のインパクトに欠け、オーダーメイドという各々のお客様の希望に応えにくいので、鍛造を扱っている店はほとんどないのです。でも、私はあえてこれを広めたかったのです。**なぜなら競争相手もいなくて、しかも素晴らしい製法だからです。**

しかし、ここでひとつ、問題が出てきます。それは価格です。いくらいいモノであっても、私のような小さな店の商品なのに、価格がブランドショップ同様に高額になってしまっては勝ち目はありません。

ここで「ひとり企業」の強みが出ます。**社員ゼロ、私ひとりの経営体制なので、価格の算出方法を独自に構築できれば、十分に既製品と変わらない価格を実現できるのです。**しかも他店ではできないことなので、価格競争にも巻き込まれません。

価格の問題さえクリアできれば、店頭でのサンプル構成や販売するノウハウは当初からあったので、少ない資金をサンプル製作費にあてるようにして、徐々にデザインの種類を増やしていくことができました。それと同時に、自社サイトに詳しいコンテンツも掲載していったのです。

○他社に真似できない鍛造製という結婚指輪を、お客様に応じたオーダーメイドで、しかも既製品と変わらない価格で提案する。
○結婚という人生の素晴らしい門出のお手伝いができて、**同時に自社の製品の独自性を広めることもできる。**

こんな私だけのビジネスモデルができあがったわけです。

次はジュエリーリフォーム・リモデルという、いわゆるつくり替えです。デザインが古くなった昔のジュエリーの宝石だけを外して、外枠のデザインを現代のデザインにつくり替えるビジネスです。

今現在では多くの店が行っているサービスですが、私は前職時代の2000年から行っています。20年前当時はそんなことを積極的にやっている店はなかったのですが、私の場合、お得意様からそんな相談や依頼を頻繁に受けていました。初めはノウハウがないので試行錯誤しながらデザイン画を描いたり、職人さんに相談してアドバイスをもらったりしていました。

まずマニュアルがないし、持ち込まれる宝石の大きさや品質などの特徴が多種多様、お客様のデザインの希望も予算もさまざま、経験がないと価格の目安がつけにくい、できあがりのトラブルが心配、わかりやすいデザイン画を描く技術も必要、リスキーなサービスの割に時間がかかり単価を上げにくい、指輪の構造などを熟知しないとデザインを提案できない……など、たくさんのハードルが待ち構えていました。

でも、このハードルの高さゆえに大手チェーン店、ブランドショップは手が出せません。私にとってはこれも競争相手が少なく、価格競争にも巻き込まれない、うってつけのビジネスモデルだったのです。

幸いにして2000年から経験と勘と技術を何となく身に付けたおかげで、ジュエリーリフォームは現在では私の大きな武器となりました。もちろんトラブルゼロ、クレームゼロです。

STEP2 「ネットとリアル」「地方と都会」「デジタルとアナログ」を融合せよ

これも自社サイトにつくり替える前と後、いわゆるビフォーとアフターの画像を載せたりしながら、徐々にコンテンツを増やしていきました。今ではアナログな手描きのデザイン画だけでなく、CADをパソコンで操り、正確なデザインを引きつつ、それを基にデジタル機器で原型を製作しています。しかも数日間という短期間のなかで、です。極めつけはできあがりの3DCG画像を見せながら、製作過程もお客様に楽しんでもらっています。アナログとデジタル、伝統と現代の融合です。

○最先端のデジタル機器や技術を駆使しながら「安心してオーダーできるオリジナルジュエリー」を提供する。
○ジュエリーを次の世代に残し、大切に受け継いでいくというプライスレスな体験を提供できて、ジュエリーの楽しさを体感してもらえる。

これも私のオリジナルのビジネスモデルにつながりました。

3番目は手彫りのハワイアンジュエリーという、シンプルなリングにハワイアンをモチー

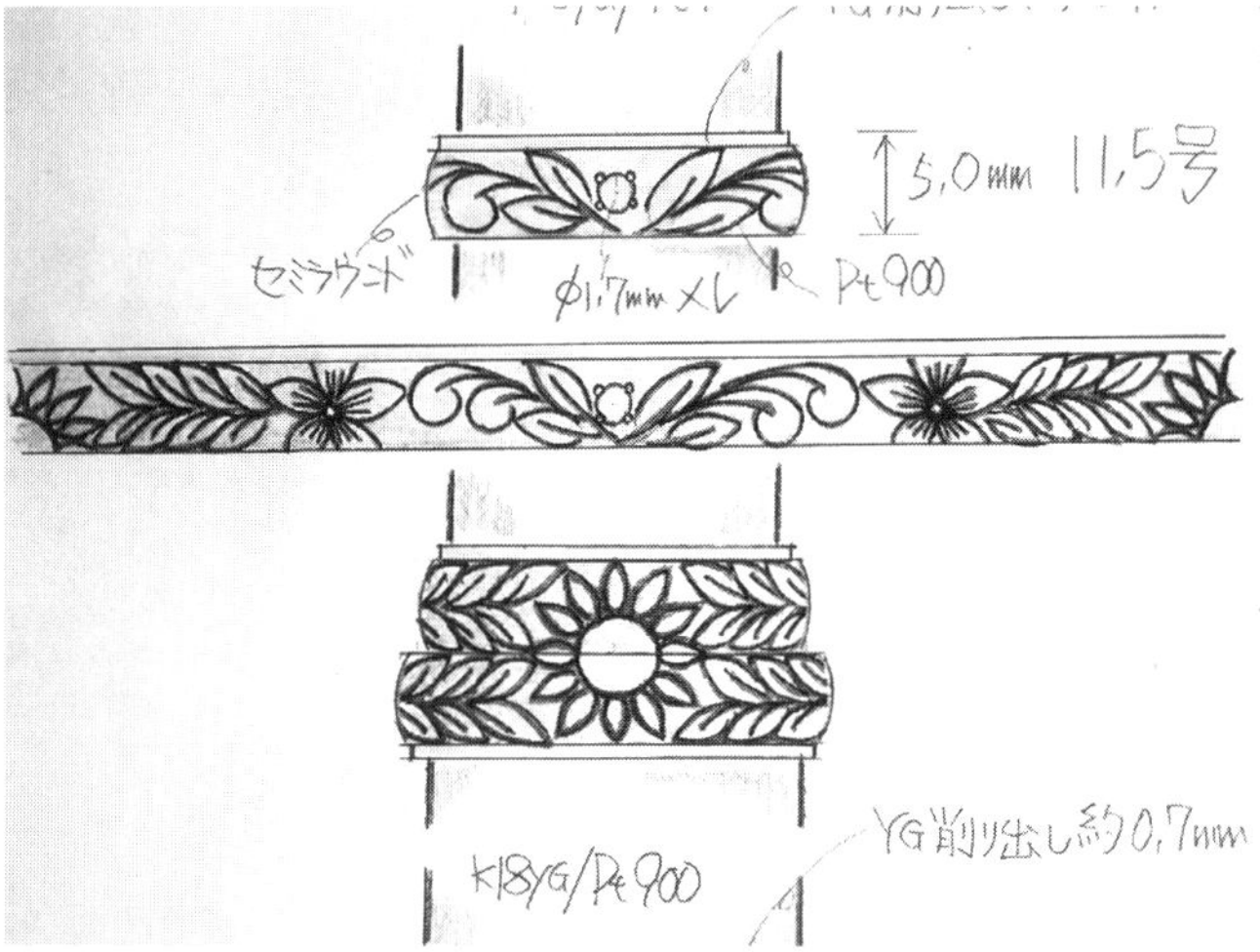

鍛造製の結婚指輪や手彫りジュエリーのデザイン画はすべて手描きのアナログ手法

フとしたデザインを、私が自ら手で彫っていくサービスです。２００９年に、これからの自分の店の売りになるものをと思い、準備し始めました。当時、銀座の裏通りにハワイアンジュエリーデザインの結婚指輪専門店ができたばかりだったので、わざわざ見学にも行きました。

　もっともこれも、工具や機械が外国製なので細かい取扱い情報がない、設備投資の回収に時間がかかる、そもそもお客様が喜ぶ手彫りが自分にできるのかまったく未知数……などの諸問題が絡んできました。

　工具購入については、取引先に相談しても「買った人はけっこう知っているけど、誰も使いこなせてないよ。やるんだったら中古から始めたらいいんじゃないの」といった反応でした。でも行動力だけはそこそこあったので、すぐに上野の取扱店に行き、工具の見学、相談に行ったのです。

想定外だったのがトータルの金額でした。考えていた機器だけでなく、もうひとつ、重要な機器が必要だったのです。細々なものを合わせると、私にとってはちょっと考えさせられる金額でした。でも近い将来必ず店の武器になる、それを信じて購入に踏み切ったのです。その結果は正解でした。

私はデザインを数種類のパターンから選んでもらうような狭いモノでなく、お客様それぞれに応じたオリジナルデザインのハワイアンデザインや、いろいろな手彫りのデザインを提案したかったのです。そのお客様だけの、唯一無二のジュエリーになるからです。そこに大きな喜びと満足感が提供できると考えたのです。

○鍛造製のリングにオリジナルのデザインを自分で描いて、自分で彫って、自分で納品する。

○デジタル全盛の時代の今だからこそ、超アナログな技術の素晴らしさを体感してもらえる。

裏方として製作作業だけを行い、販売接客は他の人に任せる。これは直接お客様の反応が見えないので、まだ精神的に楽です。しかし自分でデザインを描いてからお客様に提案し、了解をもらったのちに彫って、自ら納品、これは簡単なことではありません。良くも悪くもお客様の反応がダイレクトに伝わる、ある意味、恐ろしいことです。でも、だからこそ、ライバルがいないやり方なのです。

このためにあらゆることを試行錯誤しました。神戸の宝飾展示会に出向き、同じ機械を使いながら手彫りしている職人さんに話を聞いたり、残業をして練習も重ねました。ただ、練習だけでは本当にうまくはなりません。実際のお客様の注文品を彫らないと、上達なんてしないのです。練習用と客注のリングでは雲泥の差です。

これも自社サイトにコンテンツを掲載しながら、ある一定期間を経て自信があるデザインを少しずつ、お客様に提案できるようになりました。納品のときのお客様の喜びと驚き！それは私にとっても格別なものでした。お客様の想像や満足度を大きく超えていたのです。それから現在でも技術の進歩に終わりはありません。いまだに、常に「いかにしたらもっと美しく、素晴らしい彫りになるか」を考え続けています。

これも私にしかできないビジネスモデルのひとつなのです。

最後に腕時計の電池交換や修理です。これが意外と、というかとても奥が深く、簡単そうに見えて実は簡単ではないものなのです。

ブランド時計の修理はそのブランドに出さないと修理できない場合が多い、電池交換は多くの経験を積まないと破損やトラブルのもとになりやすい、ネット通販や大手販売店は修理などの面倒で単価が安いサービスはやりたがらない……腕時計に関するだけで、これだけの問題があるのです。

私自身、時計専門店でないので、修理できることはたかが知れています。なので、必要なのはブランドに修理を依頼できるコネクションです。これも一朝一夕には構築できないものです。しかも見積もりが出てくるまで時間がかかる上、できあがるまでも時間がかかる、おまけに費用が高額になりがちで、スムーズなお客様への状況報告、連絡、メーカーとの交渉を怠ると、大きなトラブルになりかねません。これまでもヒヤッとした瞬間は何度かありましたが、おかげさまでこちらもノートラブル、クレームゼロでやってこれています。

運よく前職で長く正規の時計を取り扱っていたので、ブランドにつながるルートも自然とできていました。電池交換に至ってはこれもまた長く経験していたので、工具を少しずつ揃えて対応していくようにしました。地方ではブランド時計の修理を出せる店が少ないので、自社サイトで紹介することで、ジュエリーとは違ったお客様層を獲得していったのです。

また、ジュエリーを購入した店で修理を断られて、困って私の店に持ってくるお客様も、とても多いのです。他店の商品なので、自分で受けて万が一うまく修理できないとトラブルになるし、基本的に単価もそれほど高くありません。だから、大手販売店ではまったく取り合ってくれないわけですが、しかしこうした修理を気持ちよく受けると、そこから新規のオーダージュエリーや結婚指輪などの受注へと繋がることが少なくないのです。お客様は「この店で買えば、ちょっとした修理でもきちんと受けてくれる」と思って、再び来店してくれるのです。

○腕時計やジュエリーを修理しながら使い続けることの素晴らしさと、それを子供たちに託していく良さに気づいてもらえる。

このようにして私のビジネスにおける、以下の4本の大きな柱ができあがったのです。

●鍛造製のオーダーメイド結婚指輪
●オリジナルジュエリーやリフォームの提案
●手彫りのジュエリー
●ジュエリーや腕時計の修理と電池交換

この４つの柱にはもうひとつ、大きな効果があります。それは、ほぼすべての年齢層をカバーできるということです。

○鍛造製のオーダーメイド結婚指輪→これから結婚する20～30代の若い客層。
○オリジナルジュエリーやリフォームの提案→子育てが一段落した40～80代までの主婦層。
○手彫りのジュエリー→あらゆる年代の女性と男性。
○ジュエリーや腕時計の修理と電池交換→あらゆる年代、プラス時計修理においては比較的20～60代の男性層。

結果、この４つのビジネスモデルで、小さな個人店でもさまざまなお客様に来店してもらえる、唯一無二の店になったのです。

STEP2-❺
接客から納品までのハードルを、ランチェスター接客術で乗り越えろ

今までに何回か触れた「ランチェスター戦略」という言葉ですが、これは簡単に言うとビジネスにおける、以下のような方法論のことです。

○大手にできない分野で勝負。
○その分野を深掘りして、一極集中して専門となる。
○地域も広げず、一点集中させる。
○お客様に近いところで1対1のビジネスをする。
○勝ちやすい分野、場所で勝つ。

STEP2　「ネットとリアル」「地方と都会」「デジタルとアナログ」を融合せよ

要するに、大手とはまったく逆の、弱者の経営戦略です。私の場合で言うと、

○大手にはできない、オーダージュエリーという分野で勝負する。

○宝飾品に一極集中した専門店でいく。

○佐賀もしくは長崎、福岡の北部九州をターゲットにする。

○広告も出さず、インターネット販売もせず、来店型１対１の接客のみにする。

ということです。

インターネットで販売もしなければ、全国をターゲットにもしていないので、お客様からの問い合わせ時の受け答え、または来店時の接客が命です。「来店のキッカケとなるウェブサイトづくり」については「ＳＴＥＰ３」で詳しくお話ししますが、ここではその「接客」について書いてみます。

私の店の場合は、

❶ グーグルでキーワード検索して、上位表示されているサイトを見る。

❷サイトの内容を見て、電話もしくはメールで問い合わせ。
❸来店して接客、他店と併せて検討。
❹２度目、３度目の来店で決定。
❺できあがり、受け取り来店。
❻完成度に満足して、知り合いへ口コミ。
❼口コミを参考にした知り合いがサイトにアクセス（❶に戻る）。

というふうに展開しています。

重要なのは、電話やメールでの問い合わせから納品完了後までの、「すべて」の過程なのです。どこかひとつでも期待を裏切ると成約につながらないと、私は考えてます。それほど厳しい時代なのです。

まず第一の関門は電話、メールでの問い合わせに対する対応です。誰しも店舗に電話するときは少し不安で緊張しますが、ウェブサイトを見て「いい感じだな」と思ったので、問い合わせをしてくれるのです。ですから、最初にお客様が感じた期待を、わずかでも上回るのように対応することが必要です。**電話やメールの返答も、できるだけわかりやすく、**

細かく丁寧に受け答えをし、「思ったより気さくな感じだな」と思ってもらえるように、お客様の予想のほんの少しだけ上を行くのです。

第二の関門は実際に来店されたときです。実際に顔を合わせて接客できるので、より具体的にお客様の好みや希望が理解できますが、一方でお客様の側も店側の接客の細かな部分を肌で感じ取ります。このときも電話やメールで印象が良かったから、という期待値を少しでも超えるのです。「思っていたよりわかりやすかった」「見積もりが想定内だった」「話しやすかった」「気さくだった」「サービスが素晴らしい」というふうに、わずかでも上を行くのです。

初来店時は、いい意味で大きく期待を裏切るほどの話しやすさ、安心感を与えることが最重要です。その後の他店との競争力に関わるからです。自社に大きなアドバンテージが残れば、その後の展開が有利になります。

第三の関門は納品時の来店です。今度はいよいよ品物の仕上がり、できあがりです。幸か不幸か、オーダーメイドはできあがりの品がもともとありません。そこがお客様が不安に感じるところですが、その仕上がり具合もお客様の期待を超えるのです。そこで感動や喜びを体験してもらえれば、その後の口コミ拡大、さらなる集客にもつながるわけです。

しかし、これで最後ではありません。**満足したお客様が店を後にして数日後に、1通の御礼のハガキを出すのです。もちろん手書きです。**思わず送られてきた御礼のハガキにすべてのお客様が喜ぶ、なんてことは期待してはいけません。10通送った中のひとりでも、50通送った中のひとりでも、喜んでくれればいいのです。「あ、いい店に当たったな」と思ってもらえれば、今後の口コミにもつながっていきます。地方では特にこのようなコツコツした努力が重要です。

当たり前のようなことかもしれませんが、実際にこのようにして私はお客様の想像、期待を少しでも上回るような接客を積み重ねて十数年、田舎のシャッター商店街に店をかまえながらも、新規の優良な顧客獲得を続けています。

STEP2―❻

「ネットとリアル」「地方と都会」「デジタルとアナログ」の経営術

私は幼少期にパソコンもなく、学生時代はインターネットや携帯電話もSNSもなく、

STEP2　「ネットとリアル」「地方と都会」「デジタルとアナログ」を融合せよ

社会人になってようやくデジタルの波が押し寄せてきたのを実感した世代です。デジタルについていこうにもわからないことが多く、面倒くさくて目をそらしてしまう。**しかし、ビジネスに従事する限り、「デジタル方面のことはまったく知りません」では通用しないのが現代です。**

私も前職のような販売員だったら、パソコンもネットもSNSも、それらについて特に深い知識は必要なかったでしょう。でも現代において「ひとり会社」を営むうえでは、そんなことは言っていられません。逆に考えれば、アナログ接客の良さ、リアル店舗の良さも体感している世代だからこそ、デジタルツールに特化した若い世代よりも、両方使い分けられる強みがあります。

ただ、ひとつ言えることは、**デジタルやネットを理解して仕事に活かすには、そこそこその世界を勉強しないとわからない、ということです。**事実、50代以上の同世代の知り合いで、インターネットをガッツリ仕事に使いまくって店舗集客、接客、売り上げにつなげている人は、ITを本職にしている人以外、ほとんど知りません。

技術的な側面から見ると、私の父の世代も含めて長きに渡りアナログ技術を駆使してジュエリー製作を行ってきましたし、現在もそのやり方は続けています。しかしそれはまったくデジタル技術が開発されていない時代の名残であり、今では十分に製作に取り入れるべきデジタル技術がたくさんあるのですが、昔からアナログ技術を駆使している職人さんはなかなかそれを取り入れられない。ここがひとつのハードルです。

私もデザイン画を手描きしてハワイアンジュエリーを手彫りしたり、その修理もしているので、手作業に対してのお客様の評価の高さや、アナログ技術の良さは十分に体感しています。しかしもう、それだけでは成長できない。現代ではデジタルでしか実現できない技術もたくさんあるのです。

そのいい例が前述した、ジュエリー用の設計ソフト「CAD」です。これを使いこなすのは、デジタル音痴の私には到底無理な話だと思っていましたが、このソフトにあるデジタルツールを組み合わせることで、世界が大きく変わりました。

きっかけは、2018年10月に東京で開催された、宝石業界向けのセミナーに参加したことでした。その頃、私自身も将来に不安を感じていたことがあったのです。それは、取り引きしている職人さんの高年齢化です。

この業界、製作すべてをひとりでできるわけではないので、最終的に完成度の高い品物をつくるには、いろいろなコネクションを築いておかないといけません。ですが、今まで

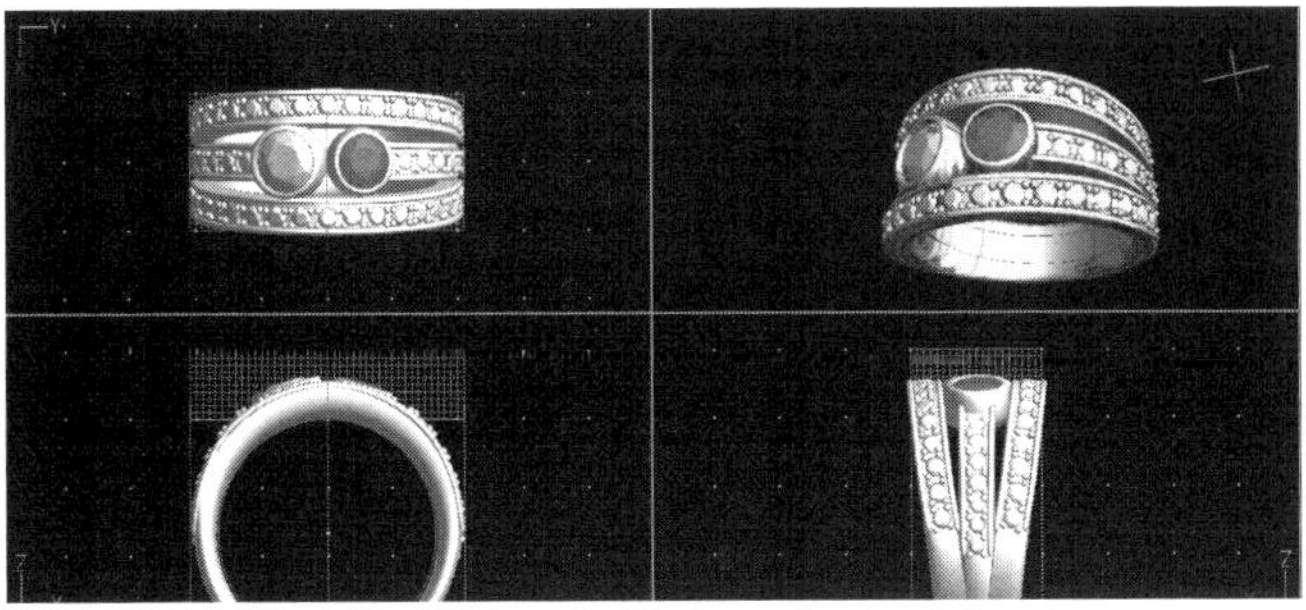

設計ソフト「CAD」を使ったジュエリーデザイン画面

一緒に仕事をしてきた人たちが高齢になってきたり、取引先の会社に後継ぎがいなかったりなど、近い将来に不安を感じていました。「集客は今まで通りにスムーズにいっても、肝心の製品づくりに支障をきたすのではないか」「いっそジュエリー製作の大部分を自分ひとりでできればいいのだが、どうすればいいのか」と、不安と希望が混じりあった状態です。

そんな経緯で、たまたま参加したセミナーでお会いしたのが、ジュエリービジネスプロデューサーの佐藤善久さんでした。20年以上前からデジタル技術の必要性を感じて、ご自身のジュエリービジネスに積極的に取り入れていた方です。

この佐藤さんの「デジタルジュエリープロ講座」に申し込んだのですが、費用はもちろん安くはありませんし、朝10時から18時までみっちりの3日間連続のCAD講座を7

回、合計21日間・168時間の講座を受けるというヘビー級の内容です。しかも講座の場所は東京なので、3日間店を休んで出張する必要があり、一瞬迷いましたが、将来の自分のための投資と思って飛び込みました。

CADを使ってパソコン画面でデザインを引いていくのですが、私は100回の練習より1回の注文品、いわゆる本番ですぐに使い始めました。注文をいただいて、見積もりを出して、納期をお約束すると、もう後がありません。必ずやり遂げないと、自分の信用を失うわけです。

期日内で、ご希望通りのデザインで、しかも完成度が最高なものを納品しないといけないので、必死です。そんなことを繰り返していくと、早い段階でコツみたいなものがわかり、同時に原型製作も可能になったのです。

今ではCADを使ったデザインや3DCG、ご注文品の原型を見せることで「こんな小さな田舎の店で、こんなことやってくれるんだ!」と、お客様が驚く様子を目の当たりにするようになりました。しかし、これは指輪の構造などのアナログ的な知識がないと絶対うまくいきません。**つまりデジタルだけ、アナログだけのどちらかひとつだけではできない作業なのです。**

STEP2　「ネットとリアル」「地方と都会」「デジタルとアナログ」を融合せよ

地域の面からいうと、私にとってはやはり東京で学んだ17年間の経験が大きく、東京が商品量、情報量、人の量が一番なのは言うまでもありませんし、現在の取引先もすべて東京の会社です。それでも、仮に私の店が東京近郊にあって今の状態をキープできているかというと、たぶん難しいでしょう。競争相手が少なく、未開拓な顧客層が十分に存在する地方だからこそ、私はやっていけていると感じています。

東京で経験したあらゆることを、地方で満遍なく使い倒し、地域一番店になる。これに尽きます。

店舗については、前職で3回の店舗改装を担当して、これも2013年の自店舗改装の際に大変役に立ちました。お願いした施工業者さんは宝飾店のリニューアルなど初めてなので、私自ら店舗デザイン、壁紙の色、ショーケース配置、すべてのイメージデザイン画を描いてお願いしました。おかげで私が思い描いている通りのリニューアルとなったのです。

小さな店ですが「シンプルな落ち着き」をテーマにした居心地の良い空間となりました。これも前職の経験があったからこそです

●自社サイトを使った情報発信と店頭でのリアルな接客との融合
●従来のアナログな技術と最先端のデジタル技術の融合
●佐賀という地方の利と東京という都会の利との融合

現在ではこの3つを掛け合わせて、私独自の「ランチェスター経営術」となっています。

STEP 3

「オープンマインド式ウェブ集客術」の7法則

❶ 自分を120％さらけ出せ
❷ 自社のメリットもデメリットもさらけ出せ
❸ 「お客様の真実の声」200連発でライバルを圧倒しろ
❹ 実例作品500連発でライバルに差をつけろ
❺ サイトの改良点はお客様に直接聞け
❻ 100本のユーチューブ動画をプラス！ 目からも情報を送り込め
❼ 「買い物かご」はいらない、ネットで売らない

この「STEP3」では、私が実際に11年間にわたり、佐賀県という地方の商店街で新規の優良顧客を集客し続けている命綱ともいえる、「ウェブサイト」の具体的な構成内容を紹介していきます。

本題に入る前にふたつ、大切なことをお伝えします。

まず、私が利用しているウェブサイト制作方法についてです。ある会社のシステムを使うと専門的知識がなくても、パソコンが得意でなくても、ウェブサイトを自分で構築できるのです。この会社と知り合ったおかげで、私の現在があるとすらいえます。

「STEP1」で少し触れましたが、それは株式会社Webマーケティング総合研究所という会社でリリースしている**「あきばれホームページ」**というシステムです。最初は同社の「ブログdeホームページ」というシステムをメインに使って、私も十分に集客していましたが、バージョンアップされて、現在（2020年）ではこの「あきばれホームページ」がメインのシステムになっています。

実はこの会社は営業部がなく、すべて自社サイトを使った営業のみで新規集客している

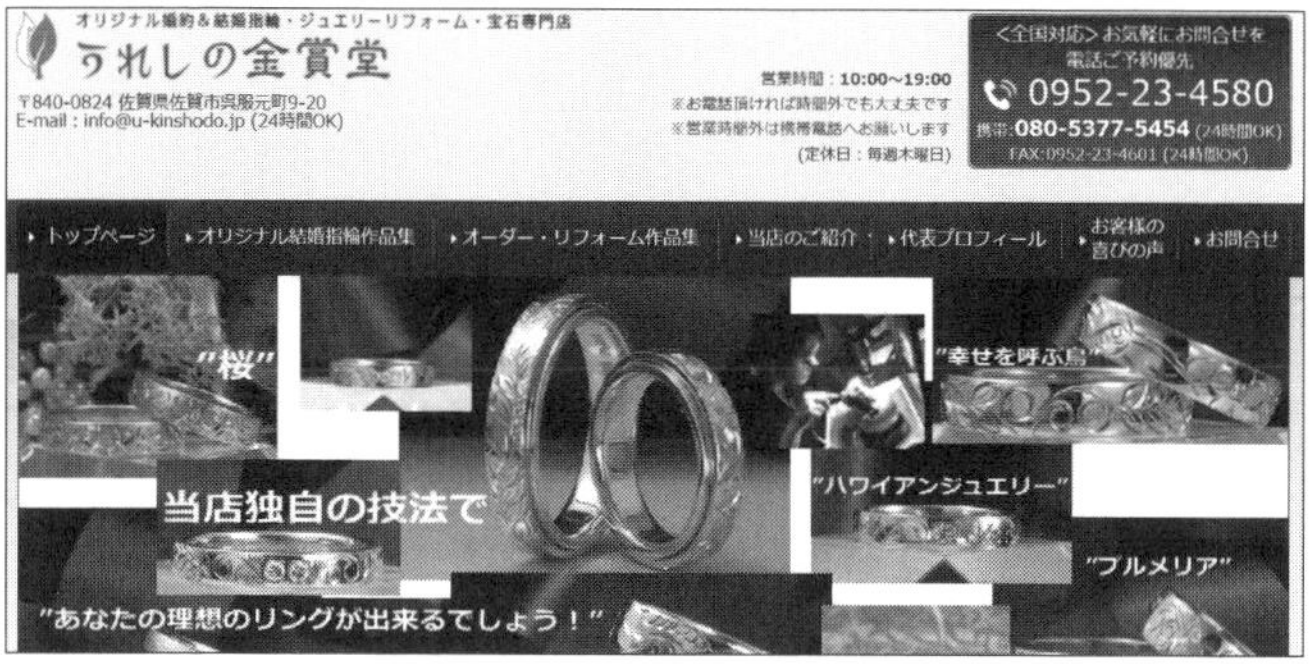

「うれしの金賞堂」のウェブサイト（https://www.u-kinshodo.jp/）

のです。ウェブサイトだけで集客しているわけで、検索エンジン対策や反応が良くなるコンテンツの構成など、十分なノウハウを持っているのは言うまでもありません。事実、私もウェブサイトを見て契約したのですから。

ここで気になるのが価格、料金です。**ざっくり言うと、毎月にかかるコストは皆さんのスマホ利用料金と同じくらいか、それ以下です。**月額料金以外の初期投資として、ウェブサイト構築のシステムを購入するのですが、それも数万円です。安いものでしょう。

なぜこんな低価格で収まるのかというと、購入したシステムに自分自身でコンテンツや画像、動画を管理画面をいじりながらはめ込んでいくセルフメイドスタイルなので、あまり運営側に負担がかからないからです。コストが安いうえに、いつでも自分自身で更新できるところがミソなのです。

申し込むとこちらの事業内容、ウェブサイトの目的などかなり詳しくヒヤリングしてくれて、その内容を基に大方の骨組みをつくってくれます。そこに少しずつ自分で記事を入れていくのです。

いきなり理想の店はできません。日々コツコツと店づくりを続けるのは実店舗も、ネット空間のウェブサイトも一緒なのです。

オープンまでの数カ月間はコンシェルジュという担当の方がいるので、いろいろ相談できます。管理画面で具体的な操作がわからないときは、サポートセンターに電話で聞けばすぐに解決します。

もうひとつは検索エンジン対策です。これも一朝一夕に対応できるものではありませんが、一度やり方を確立させると十分に効果があります。**いわゆる「SEO対策」についても、イチから自分で学ぶよりは、専門知識を持っている担当の方に聞きながら進めるほうがいいでしょう。**地域キーワード、ビジネスキーワードを設定しながらコンテンツをつくっていくのです。

私の場合は十年以上にわたって更新し続けているので膨大な量のコンテンツがあり、私自身も自社サイトにどれだけの記事を掲載しているか、ほとんど把握できていないほどです。小手先だけの検索エンジン対策よりも、充実したコンテンツの量と内容で上位表示させることに成功しています。

いま現在では、2年前に始めたグーグル広告、いわゆるウェブ広告も利用しています。10年間自分でSEO対策をして、上位表示&十分な集客を実現してきましたが、ウェブ広告の可能性も確かめたくなって試験的に始めたのです。

ウェブ広告のいいところは自分で「地域を絞れる」「1ヶ月の予算を決められる」「ヒットさせたいキーワードを設定できる」ところです。しかも広告という割には安価です。このウェブ広告も、自店のターゲットとなるお客様がウェブサイトに来る可能性を広げます。予算に余裕がある方でしたら、SEO対策と並行して行えば、比較的効果が早く出るかもしれません。

ちなみに、私は以下のふたつのウェブサイトを運営しています。

○佐賀・福岡のオリジナル婚約&結婚指輪・ジュエリーリフォーム・宝石店「うれしの金賞堂」(https://www.u-kinshodo.jp/)

○オーダーメイド結婚指輪なら「佐賀鍛造マイスターリング」(https://www.hawaiian-indigo.jp/)

このふたつのウェブサイトをひとりで運営し、新規優良顧客を集客し、地方のさびれた商店街の一角でも充実した人生を送っています。

では、私が実践している、「あきばれホームページ」を使った具体的なサイト構築術を紹介していきましょう。

オープンマインド式ウェブサイト集客術❶ 【自分を120%さらけ出せ】

この「オープンマインド式」という言葉は、数年前に来店してくださったある外国のお客様に「嬉野さんはウェブサイトも接客も、とってもオープンマインドですよね、素晴らしいです」と言ってもらったことに起因しています。この「オープンマインド」という言葉を検索してみると、**「自分の考えだけに固執せず、他人の考えにも寛容で受け入れる姿勢」**

「自分のドアをいつも開いている」とあります。

当初から意識してウェブサイトをそのようにつくったり、接客してきたわけではありませんが、自分の宝石店でジュエリーを買ってもらいたいのに、自分が何者かも明らかにせず、そのくせ「私を信用して来店してください」というのは虫が良すぎじゃないか、と思っていただけなのです。

ときどき目にするのが、ジュエリーデザイナーとかジュエリークリエイターなどと名乗り、私はイケてる職人、経営者ですよという顔で出てくるプロフィール画像。写真だけならまだしも、自己紹介内容も自分に都合のいいことばかり書くのは、どうかと思うわけです。これは事業内容についても同じで、全体的に良いことばかり書いてあるサイトを、見ず知らずの人が簡単に信用できるとは、とても思えません。

私がサイトをつくり始めたのは40歳のときでしたが、そんな年齢になるともう万人に好かれようなんてこれっぽっちも思わないし、わかってもらえる人だけに通じればいいという姿勢でいました。ビジネスにおいても一緒で、何でもできるわけではありません。ご希望に添えないこともあるので、来店してくれたすべてのお客様に必ず満足してもらえるというような、大それた考えや過信はないのです。

仕事においても同業他社のことなんて気にもならないし、他社を気にする時間があったら自社の技術を磨く、接客を磨く、ショーケースを磨く。目の前に来てくれたお客様に最善を尽くすのです。

このような考えのもと、自社サイトの私のプロフィール紹介には、書かなくていいような趣味のこと、職歴のこと、学歴のこと、私生活のことまで書き、**「私は大した人間でもないので、すべてご希望通りにはできないかもしれませんが、もし何か困り事があったらお話聞かせてください」**と、自分を120％さらけ出してます。

一見、バカバカしくて無駄に見えるかもしれませんが、今でも接客中に「嬉野さんは高校が佐賀西高ですよね。私、後輩です」「嬉野さんって釣りお好きですよね。僕も釣りやってるんですよ」と、お客様のほうから声をかけてくれます。

また、定休日以外でどうしても休まないといけない日があったり、開店時間を遅くしたりする場合があります。そのようなときでも、具体的な理由をウェブサイトに明記します。

「長男の卒園式のため、午後1時からの営業となります」
「〇月〇日は人間ドック受診のため、午後1時からの営業となります」
「〇月〇日から〇日までは、年1回の夏休みで家族旅行のため、臨時休業いたします」

● 趣味はバスフィッシングです。

★神埼や千代田のクリークをこよなく愛するルアーフィッシャーマン（釣り歴35年）

★小城市のフットサルチーム「オーランブル」に所属、小城市リーグ戦参戦中。→2014年惜しまれながら？引退しました。

★我らがサガン鳥栖のゲ　ム観戦・後援会会員です。

★好きな歌手はSting、秦基博

千代田・神埼で釣りします。

「うれしの金賞堂」のプロフィールページより。経営者の趣味もはっきりと書く

もちろんシャッターにも張り紙をしているので、たまたま知らずに来てしまったお客様がいても怒られることもありません。逆に、開店後に来店したお客様から「人間ドック、どうでしたか？」なんて聞かれることもあり、いい話のネタとなります。ただ単に、「本日臨時休業です」と入り口に張り紙をするより、全然人間味が出てくると思いませんか？

私にとってはこんなことは知られてまずいことではないですし、自分をオープンにすることで、お客様も私やお店に対して「この人、ちょっとユニーク、しかも嘘つかなさそう」と、安心感を抱いてくれると思っています。初めて来店したお客様と趣味や母校のことがきっかけで話が盛り上がったりする接客は、宝石という少々高価なモノを扱っているお店にしては珍しいことではないでしょうか。

おかげさまで来店するお客様以外に、全国のいろいろな地域から問い合わせの電話やメールがくるのですが、私のあけすけなプロフィール紹介文を見て「どんな人なんだろうか?」と興味を持ってくれているのかもしれません。ブログには私生活にもっと踏み込んだ記事を書いていたので、こちらも店のイメージの潤滑油になっていました。

SNSなどのオープンな場で自分の一生懸命さ、自社の良さをアピールするのが苦手な人は、まず初めに自社のウェブサイトで、堂々と自分のプライベートや業務内容をさらけ出してみてください。自分のことを書けばいいだけなので、難しくはありません。

私のようなひとり企業経営者は自分を売らないと、他の何も売れなくなるので、**「インターネット空間にこそ人間臭さを」**と思っています。

> **法則❶**
> **自分をさらけ出すことで、自然と自分と同じような価値観のお客様が集まる。その結果、気持ちの良い仕事ができる。**

オープンマインド式
ウェブサイト集客術❷

自社のメリットもデメリットをさらけ出せ

今度は個人的な事柄ではなく、あなた自身のビジネスのことです。あなたはたぶんその道の専門家で、プロフェッショナルといっていい立場なのでしょう。もちろんその業界に精通していて、いい面も悪い面もよく理解しています。

でも、現在はインターネットがあり、その業界のある程度の深い部分まで、素人の人でも情報が取れてしまう時代です。

困りごとを解決するために、ある人が情報検索をしていて、たまたまあなたの店や会社のウェブサイトを見つけて開いたとします。そこに業界のプロならではの詳しい情報が載っていて、いい面も悪い面も、包み隠さずアドバイスされていたらどう感じますか？　少なくとも悪い印象はないでしょう。

しかも自分で仕入れた情報より専門的で、かつそれに対しての解決方法などの具体的なコンテンツが書かれていたら、一層信用度は上がり、問い合わせをしてみようと思うでしょう。

私の業界で例を出すと、「二重価格」というものがあります。宝飾業界は以前から値引き販売が横行している業界で、ゆえに定価、通常価格に信用性がありません。それを見越して最初から価格交渉をする人もいるでしょう。これが特に小さな宝飾店が胡散臭いと思われる大きな原因です。

私のお店のウェブサイトでは「二重価格はつけません」とはっきり書いています。もちろん店頭でも「お見積もり価格は正直にお出ししているので、『今日即決すれば○○％割引！』、などということはありません」とはっきり説明しています。

値引きをしない、二重価格をしないということが、お客様にとってデメリットになるとは思いませんし、サイト上でも強いメッセージとして伝えます。これにより値引きを希望の方は最初から来店しないですし、価格に惑わされない本質をわかってくれる、理想のお客様だけが来店してくれるのです。

私は、以下のような自店のデメリットを、自社のウェブサイトにはっきりと明記しています。

❶私が行っている鍛造という製法で結婚指輪をつくると製法上、デザインの融通が利きません。そこがデメリットなので他店では取り扱わないのです。このような理由でデザインによってはお受けできない場合もありますし、その際は気持ちよく他店をご紹介します。

❷時計修理は店頭で私自身が修理するわけでなく、その多くがブランドに出さないと修理できないのです。そのために『安い修理料金で、しかも短期間でできます』というわけではありません。店頭で私ができることは電池交換やちょっとした外装の修理など、ほんの一部分です。

❸外国製ブランドジュエリーの修理は素材や構造が特殊なものが多いため、万が一修理に失敗するとご迷惑がかかるので、お断りする場合がございます。いま一度、購入店でご相談ください。

❹お店は小さいです。そのため、量販店のようにたくさん陳列して、たくさん売るお店ではありません。また私ひとりで接客しているため、先のお客様接客中はお待たせすることがあります。もしよろしければ、電話にて来店予約いただければ、お待たせせずにスムーズにご案内できます。

このような、一見デメリットと思われるような内容でも、裏を返すと次のようになります。

❶→他店で取り扱えないということは、ここでしかできない特殊なリング製法を扱って

いるということ。それってどういうことだろうと、お客様のほうから興味を持ってくれる。

❷→別に安く修理したいわけでなく、逆にメーカー修理のほうが安心で、それを望んでいるというお客様しか来店しない。

❸→外国製のブランドジュエリーは修理しにくいというのは事実だが、もともとブランドが好きなお客様は、無理して修理を受けて仕上げたとしても、その後の自店の顧客にはなりにくいので、このような細かなトラブルの種を避ける。

❹→オリジナルジュエリーをオーダーメイドしたい方、購入場面を他の人に見られたくない方、落ち着いて相談されたい方、このようなお客様にはメリットとなる。昨今の新型コロナウィルス感染症拡大事情を考えると、不特定多数のお客様と一緒になることもなく、かえって安心。

このようにデメリットを明らかにすることで、逆に自店のメリットをアピールできるのです。それと同時に、あなたが来てほしい理想のお客様が自然と集まる店づくりにつながっていくのです。

法則❷
自社のメリット、デメリットを明らかにすることは、理想のお客様だけが来店するという最高のメリットをもたらす。

オープンマインド式
ウェブサイト集客術❸

「お客様の真実の声」200連発でライバルを圧倒しろ

ツイッター、フェイスブック、インスタグラムをはじめとしたＳＮＳや、グルメサイト「食ベログ」の評価などの口コミ評判を見てモノを買ったり、レストランに行った経験が、みなさんもあると思います。たくさんの人がいい評価をしていたり、直接友達から聞いたり紹介されたりしたお店に、多少の好みがあるにしろ安心感があるのは間違いないです。でも、そのほとんどがお店側が意図して集めた評価というより、知らず知らずに書き込まれている類のものです。

私の店のような宝石店は、食べ物屋さんではないので、知らず知らずのうちにどこかの口コミサイトに評価が載っていることなどありません。**ということは、自分自身で評価を集めないといけないのです。そして、それをみなさんに知ってもらわないといけません。**実はこれが勇気がいることで、かつ時間がかかり、しかも難しいことなのです。裏を返せば、そこに力を入れられないお店が多いのです。

私もウェブサイトをつくり始めた当初は商品や客注作品の画像を主に掲載していましたが、早い段階で、こう気づきました。

「商品や作品の写真をたくさん載せるより、お客様の声を数多く掲載したほうが、もっと来店動機につながる可能性が高いかもしれない。しかも、集めるのなら、名前と顔出しが一番真実味がある！」

ここで一番の問題は、顔写真付きのお客様の声のウェブ掲載なんて、ご当人が仕上がりと接客サービスに大満足してもらわないと、そもそも了解がもらえないということです。ついでに言うと、友達にも教えてあげたいくらいの感動と、逆にあまり人には教えたくないような満足感がないと、口コミも発生しないのです。すべてがそろってないと何も始まらないのです。だから難しいのです。

私は2008年からコツコツとお客様の本当の声を集め続けています。既製品ではなくオーダーメイドのジュエリーに対しての評価なので、賞賛の声を得るのはとても難しい、高いハードルだと思っています。しかし、こうした部分も、他店との大きな差別化につながることになると思っています。

当初は実名+在住地名+顔写真を掲載させてもらっていましたが、個人情報保護の観点から今では実名は控えて、在住地名+イニシャル+顔写真、もしくは指輪を着けてもらった手の写真を掲載しています。

私はお客様が来店したきっかけ、具体的な打ち合わせ内容、できあがりの感想などを接客しながら聞き出します。そしてその内容をお客様の声にも反映させます。

このとき、他業種の紙広告でよく見かけますが、在住地名+イニシャルだけで画像もない、

佐賀県鳥栖市　H様ご夫妻

私達も自分達好みのオーダーメイドの結婚指輪を探していて、インターネットで「うれしの金賞堂」さんの事を知り、早速、鳥栖から来店してみました。

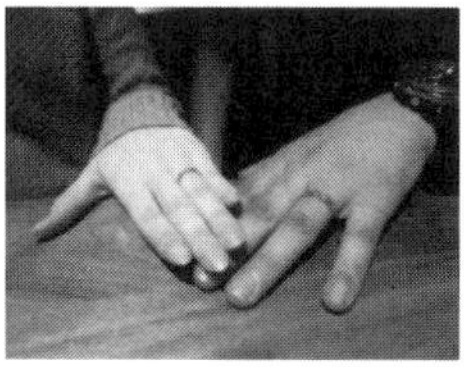

「かわいい！！」
佐賀県鳥栖市　H様ご夫妻

リングの素材やデザイン・太さの事など分かりやすく説明して頂き、その中で嬉野さんが手彫りするデザインに惹かれました。

ハワイアンなどでなく「和」の感じが好みなのでリング表面を艶消し加工して、そこに「桜」の動きがあるデザインを提案して頂き、その場で即決しました。

それから約40日後、出来上がりの連絡を受け、早速受け取りに。

その出来上がった結婚指輪を妻も「かわいい！！」と喜んでくれて、お願いして良かったと思いました。

「うれしの金賞堂」のウェブサイトには、お客様からの声も掲載している

当たり障りもない数行の短い推薦文のようなものは、かえって嘘くさくなるので掲載しないほうがいいでしょう。

　このようなお客様の声の掲載数があればあるほど、「来店客が多いお店なんだ」と安心感を与えられるようになり、しかも人と人の間の距離感のあるネット空間に、〝人の温もり〟を感じさせられるようになります。このようにして、商品説明よりもお客様の声をメインにサイトをつくっていくと、より一層、新規のお客様たちからの反応が良くなりました。

　また、これには意外な相乗効果もあります。お客様の中には自分がサイト

に掲載されるのを楽しみにされている方もいます。そして嬉しさのあまり自分が掲載されているサイトを「ほら、ここの店だよ、しかも私達載ってるし」と、親や友達にも知らせてくれるのです。そうすると、その周りの人達にも自店の存在を、自然連鎖的にアピールすることができるのです。

その他に「嬉野さんのウェブサイトを見ていたら僕の先輩が載っていました」とか、「同級生が載っていました」「職場の同期が載っていて、だったら間違いないかなって思いました」などと言われたことも、何度もあります。こんなケースは、コミュニティが小さい地方ならではの良いところではないでしょうか。

お客様の声を集める行為に終わりはありません。お客様の喜びの声を聞きたい、集めたいとなると、自ずと**「オーダー品をお客様の想像以上のものに仕上げて、喜んでもらいたい」**となり、最終的には**「接客のレベルでもお客様の想像を超え、店主とお客様という壁を越え、人として永くお付き合いしたい」**となるのです。そう思って仕事していると、知らず知らずのうちにすべてのレベルが上がっていきます。

この作業に終わりはありません。常に切磋琢磨、試行錯誤しないといけない。だから成長していくのです。そして結果的にすべての面でライバルを圧倒するのです。

私が利用している「あきばれホームページ」には「お客様の声」用のひな壇、パターンが何種類も用意されているので、これを利用してわかりやすく画像をはめ込めます。そして、その画像に別ページでつくった詳しい個別内容をリンクさせると、より情報に真実味が出るのです。

これも実は自分自身で更新できるウェブサイト制作システムだからこそ、可能なことなのです。

法則❸
お客様の喜びの声を集め続けることは自分の成長につながる。そしてそこに終わりはない。

オープンマインド式
ウェブサイト集客術❹

実例作品500連発でライバルに差をつけろ

この実例作品を掲載することは、先ほどのお客様の声を掲載することとリンクしていきます。たくさんのお客様の声があるということは、たくさんの実績があるということ。実績があるということは、経験と知識が豊富であるということ。

実例作品をこれでもかと掲載し続けることによって、専門家である自分を存分にアピールするのです。

サイトに来た人が一番わかりやすいのがジュエリーの画像です。私の場合、オーダーメイドのジュエリー画像とつくり替える前の画像とつくり替えた後、つまりビフォー＆アフターをたくさん掲載しています。

「ビフォー＆アフターの写真を見ていると楽しいです！」と言ってもらったことも数知れず。ウェブサイトを見て楽しいと思ってもらえるのは嬉しいことです。

モノを販売している業種の人は、この写真撮影も疎かにできません。私はオーダーメイドジュエリーなので、せっかくきれいに仕上げたからには、やはり画像もきれいに撮影して掲載したいのです。

当初は高いカメラじゃないと美しく撮影できないと思いこみ、カメラに疎い自分はどうしたものかと悩んでいました。そこでカメラに詳しい友人に少しだけ聞いてみたのです。すると「別に高いカメラじゃなくても、フツーのデジカメで十分きれいに撮れるよ」と意外な返事。ちょっとしたコツや数値の設定を教えてもらうと、確かに簡単にきれいに撮れる！

一見すると販売に直接関係ないように思いますが、物販店＋ウェブ集客を考えるうえで外せない項目です。カメラに詳しい従業員がいる場合はその人には任せておけばいいのでしょうが、**ひとり会社はそうはいきません。自分でやるしかありません。**

細かな設定以外にも撮影環境も重要です。特にジュエリーのような小さくて、キラキラ光ってしまうものはなおさらでした。反射板も箱庭も自作して、背景を工夫して、光の当て方を調整すると十分に、簡単に、店内の小さなスペースできれいに撮影できるのです。

一度覚えてしまえば後はルーティーンワークです。ネタが乏しかった初めの時期は、どんなに小さな修理でも加工でも、すべてそのプロセスを撮影して、ウェブサイトのネタにしていました。

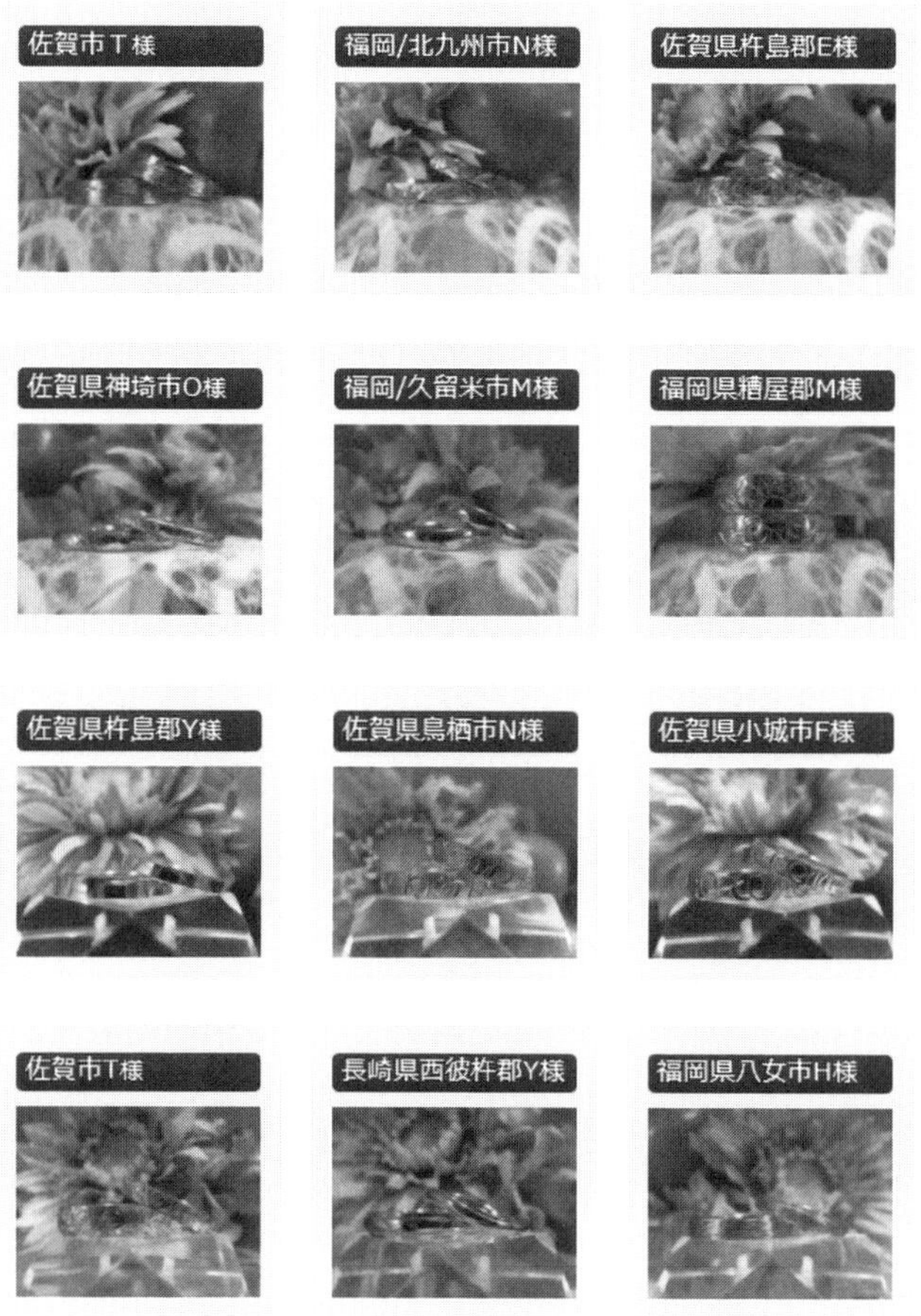

「うれしの金賞堂」サイトに掲載されている、オリジナル結婚指輪作品集

撮影するときに気をつけてもらいたいのは、多少素人感が出てもまったく問題ないということです。もちろん、きれいに撮影できれば良いに越したことはないのですが、プロではないのだから無理しても仕方がないし、素人感が出たほうが、かえって味が出ることもあります。それよりも、実績をアピールすることのほうが重要です。

おかげさまで、現在どのくらいの作品画像を掲載しているか私自身も把握できないほどですが、今まで手掛けてきた作品をたくさん掲載して、たくさんの人に見てもらうことで自店をアピール、印象づけることが可能になりました。しかも、トップページに代表的な作品を数点のみお上品に掲載するような、よくあるやり方ではなく、見ている人が驚くほどの掲載数で他店を圧倒するのです。

これも時間がかかることなので、ひとつひとつ、コツコツ地道に集め続けることが大切です。

オーダー品を製作して、自分で撮影して、そしてそれをウェブサイトに記事と一緒に掲載して更新し続ける。一見簡単そうですが、いざやってみると面倒なことも多く、だからこそ他店ではできないし、やらないのです。

この10年間、いろいろなオーダーをいただいて、製作して、撮影していますが、ふと振り返って見ると多種多様な作品があります。さまざまな画像を掲載していると、いろいろな要望を持ったお客様にも目に留まる機会が増えるのです。また、多様な作品に仕上げる、要望に応えるということは自分の引き出しも増え続け、技術力も常に進化、アップデートしていくということです。

このように画像や作品紹介記事が掲載されていればいるほど、SEO対策にも通じることになります。

専門的なキーワードを意識しながら詳細な記事でわかりやすく紹介し、しかも「佐賀市・K様」や「福岡市・M様」など、地域のキーワードを使いながらコンテンツをつくり続けると、知らず知らずの内に十分なSEO対策ともなるのです。

私が利用している「あきばれホームページ」ではこの画像を掲載する際のひな壇・パターンがたくさん用意されているので、画像をアップするのも難しいことではありません。コツがつかめたら自分の使いやすい、好みに合ったパターンをひとつに決めて画像をはめ込み、リンクを貼りながら自分のスタイルを構築するのです。

私はお客様の写真や商品を掲載するひな壇、パターンをひとつに決めています。そのほうが規則性が出て見やすいし、何しろ自分が更新しやすいのです。

これも実は自分自身で更新できるウェブサイト制作システムだからこそ、可能なことなのです。

法則❹
驚くほどの数の作品を掲載し続けることで他店を圧倒する実績と技術力をアピールする。この技術力のアップデートに終わりはなく、画像からも必ず伝わる。

オープンマインド式ウェブサイト集客術❺

「サイトの改良点はお客様に直接聞け」

私のようなひとり企業は、直接販売に関する業務である接客、製作、販促などを、ひとりでこなします。数人の従業員でもいれば意見を求めたりもできるでしょう。しかし、ひとりでは、そこもままならないのです。

特にインターネット、データセキュリティ、ウェブサイトなど、パソコンに関することで、50歳を過ぎた私が詳しく語れることなどほとんどありません。特にウェブサイト制作など実はちんぷんかんぷんなのですが、サイトをつくる具体的な作業についてはサポートセンターに尋ねればすぐに解決します。ですが、ウェブサイトの中身は、もちろん私自身で考えないといけません。

実店舗では商品陳列のレイアウトを考えたり、お客様の導線を観察したり、お店のイメージカラーを決めて看板を立てたりします。**ウェブサイトもまったく同じです。開店してそれで終わりというわけではないので常に試行錯誤、トライ&エラー、スクラップ&ビルドが必要です。**

リアルな店舗だったら具体的な改善点は見つけやすいし、お客様の動きが読めるので、改良しやすいところは多々あります。一方、ウェブサイトでは、お客様の動きはわかりづらい。慣れてくればアクセス解析の機能を使い、分析できるようになりますが、サイトを立ち上げた当初、私にはそんな余裕も知識もないので、ひとりで悶々と、夜な夜なウェブサイトをつくっていました。そして没頭するあまり、知らず知らずの内にお客様目線ではなくなり、自分目線でしかない窮屈なサイトになってしまっていたと、今にしては思います。相談する従業員がいるわけではないので、余計にそうなっていたのでしょう。

「この感じで進めていって、はたして、いいのかな？」という疑問というか、不安が少しずつ出てきたので、ちょっと実験的に、来店してくれたお客様に次のような質問をすることにしました。

・「ウェブサイトで何かわかりにくいところはありましたか？」
・「私のウェブサイトをどういうワードで検索されましたか？」
・「ウェブサイトを見て、どんな印象を持たれましたか？」
・「実際に来店してみて想像通りでしたか？」

このような質問ができるのはもちろん接客の後半で、初対面とはいえ、一通りお話を聞いて打ち合わせが済んだ後です。

私の場合、幸いにも接客時間が短くなく、1〜2時間くらいになるので、お客様も打ち解けてリラックスして気兼ねない、気さくな意見を言ってくれるのです。だいたい高評価が多かったのですが、「駐車場の場所がわかりにくかった」など、よく言われたりします。特に地方、佐賀は車社会なので、都会では聞けない意見でした。

そんなふうに、お客様からいただいたどんなに些細な意見でも、**私はすぐにサイトに反映させます。それを繰り返すと、少しずつサイトの問題点が消えていくのです。**そして意見を言ってくれたお客様は必ずと言っていいほど、その後にサイトをチェックします。そのときに自分のちょっとした意見が反映されていたら、自分がお店に携わっているみたいで、少し嬉しくなるのではないでしょうか？

お客様もちょっと嬉しく、私は代金をいただいた上に貴重な意見をタダでもらえるのです。どういうキーワードで検索して、他店のどんなサイトと比較して、どう感じたか？　こんな貴重な意見は積極的に聞かないと損です。

長く親しくしていただいているお客様は私の性格をご存じなので、今でもちょくちょく、いいアドバイスを与えてくれます。もちろん、これは実店舗の改良点を見つけることにも通じます。特に立ち上げた当初は、どんどんお客様に聞いて、改良していくことが近道です。

ただし、ここで気をつけないといけないのは、**「お客様の意見を聞き過ぎないこと」**です。自分のお店なのですから、みなさんそれなりの信念をもっているでしょうし、そこは頑固を貫くことです。要はバランスが重要だということです。

お客様にサイトや店舗の問題点を聞いて、即反映させ、改良する。これも実は自分自身で更新できるウェブサイト制作システムだからこそ、可能なことなのです

法則❺
初めて来店されるお客様こそたくさんのヒントを持っている。それを活かして店づくりにお客様を巻き込む。

オープンマインド式ウェブサイト集客術❻

100本のユーチューブ動画をプラス！目からも情報を送り込め

「STEP1」で、SNSを代表とするネットサービスについて、あなたの業種や性格に

より何を使うかは変わると書きました。ひとつかふたつに絞って深掘りしたほうがいいとも書きました。私の場合、まず第一にSEO対策を軸とした2つのウェブサイトでの情報発信ですが、**その次に重要なのがユーチューブなのです。**

私のユーチューブチャンネルでは、主に手彫りした結婚指輪がターンテーブルの上でBGMと共にクルクル回っているだけの、約1分間の動画を載せたりしています。ユーチューブの検索窓に「うれしの金賞堂」と入れてみてもらえれば、約100本のクルクル動画が出てきます。

その他は、一番最初にアップした、約7分間のお店の紹介動画です。聞き手を立てていろいろな質問に答えたり、店舗の外観、店舗内の雰囲気、作業風景などを撮影したものです。たまたま結婚指輪を注文いただいたお客様が映像の仕事に従事されていて、ちょうど私が「お店の紹介動画をつくってウェブサイトに貼りつけたいなあ」と考えていたこともあり、今度はこちらがお客様の立場で映像を注文したのでした。

このようにして、動画をウェブサイトに貼り付けたり、お客様の作品画像にリンクさせたりしています。しかしきれいな映像を見てもらいたいとか、再生回数を稼ぎたいとかという願望はありません。

○静止画だけでなく、もっと立体感を感じてもらいたい。
○私が実際に話している姿や作業風景を見て親近感、安心感を持ってもらいたい。
○ユーチューブの動画に自社ウェブサイトをリンクさせてSEOの効果を期待。
○手作り感だらけの素人動画でも、お客様に私の本気度を感じてもらえるかもしれない。

このような理由でウェブサイトに紐付けているのです。

各映像の再生回数こそ大したものではありませんが、お客様も自分のリングがユーチューブにアップされているのを見て喜んで、楽しんでくれます。SEO対策に関してはどれだけの効果があるのがいまだに未知数ですが、お店の名前でつくった動画の数があればあるほど、グーグルの検索ページにもヒットする確率や、表示される可能性が高くなるようです。検索表示ページを自社の情報が載ったウェブサイトやユーチューブでジャックできれば、それだけ自社情報をクリックしてくれる確率が高くなると思うのです。

小さな地方の宝石店だけど、店主自らの手で膨大な情報が載っているウェブサイトを構築し、作品の静止画を撮影し、来店時の顔写真も撮影してお客様の評価をいただき、しかもリングの動画までも撮って掲載され、随時更新されている。これを続けることでお店の

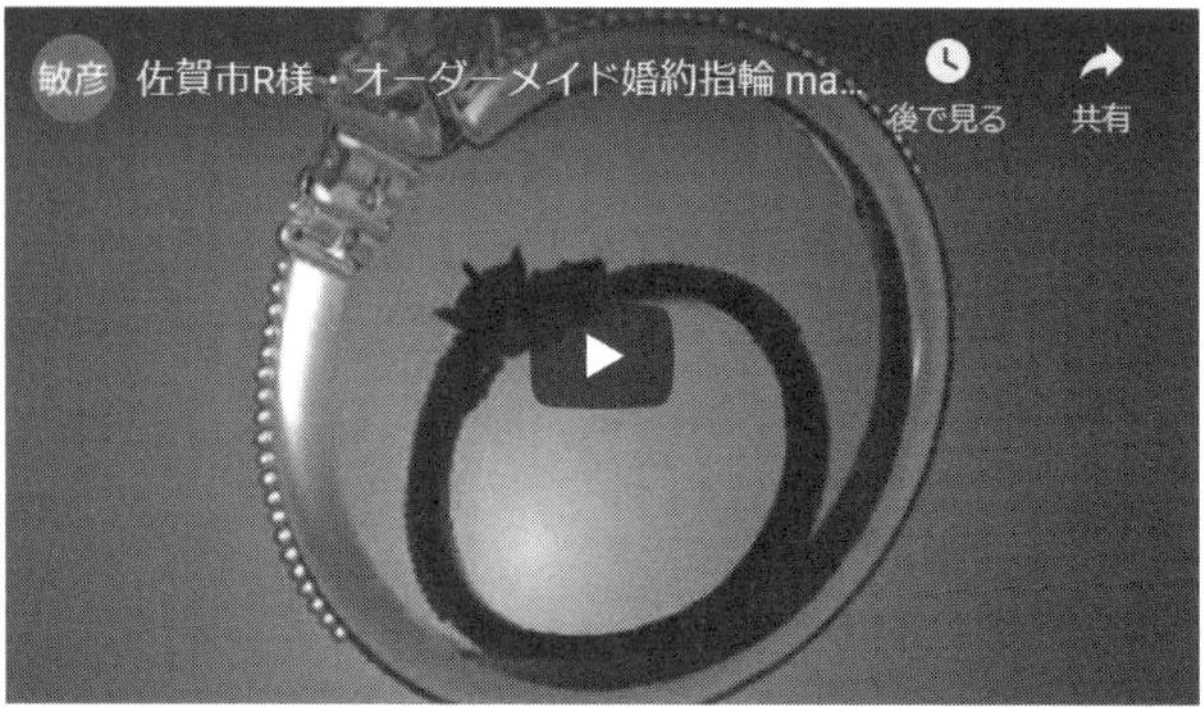

実際のお客様オーダーメイドリング動画です。（私が製作したCG動画）

Googleストリートビュー「店内を少し覗いてみて下さい」

自社サイトに商品のYouTube動画や店内のストリートビューを張り付けて、より身近に感じてもらう

STEP3 「オープンマインド式ウェブ集客術」の７法則

本気度、熱量の違いを少しでもわかってもらいたいのです。

人気ユーチューバーのように動画だけで本気度が伝わればそれはそれでいいですし、フェイスブックでも、ツイッターでもうまく熱量を表現できれば、それだけで強力な武器になるでしょう。**でも私はそれらの無料SNSでは、自分の言いたいことは伝えきれないので、ウェブサイト＋ユーチューブという組み合わせで情報発信をしているのです。**ホームページ内でテキストで伝える専門的な情報ももちろん重要ですが、一方で動画については俗に「1分間の動画は180万文字の情報量に匹敵する」と聞いたことがあります。単純計算で400字詰め原稿用紙4500枚です！　この数字が言い過ぎだとしても、それでも1分間の動画の情報量はすごいと思いませんか？

動画とは少し違いますが、私はグーグルストリートビューも掲載しています。ご存知の方も多いと思いますが、お客様目線でお店の入り口から店内に入って導線をぐるっと一周したり、画像内の矢印をクリックするとその方向に進んでいく、いわゆるヴァーチャル入店の映像です。

宝石店という特殊な業態のため、どうしても「敷居が高い」「入りにくそう」という先入観を持たれてしまいます。**その先入観や入店のハードルを、ストリートビューを見ても**

らうことで、少しでも低くしているのです。

グーグルストリートビューをつくるのはさすがにひとりではできないことだったので、以下のような手順で進めました。

❶「グーグルストリートビュー」のワードで検索すると、このサービスを提供している全国の業者が出てきます。撮影店舗の坪数、カット割りの数などで価格はまちまちですが5万円～10万円ぐらいではないかと思います。一度作成してしまえば月額使用料などは発生しないので、安すぎる業者より、少々高くても高品質画像でつくってくれるところに頼んだほうがいいでしょう。

❷各業者のサイトを見て予算や自分の考えに合う業者さんを探します。良さそうなところを見つけたら電話やメールで問い合わせをします。

❸業者のほうで契約しているカメラマンが全国にいるので、店舗に近い所で活動しているカメラマンを手配してくれます。私のときは佐世保市からカメラマンが来て、店舗の定休日に数時間撮影してくれました。

❹撮影が終わったら3～4週間後にストリートビューの映像が納品されます。

❺ 納品されたストリートビューをホームページにも貼り付けます。

このストリートビューはもうひとつ、いいことがあります。それはグーグルマップにリンクさせてグーグルで検索すると、表示ページの右半分のスペースに自社のストリートビューが登場して非常にわかりやすくなることです。マップ上の検索対策としても効果が期待されて、集客効果もより増していくことでしょう。店舗中心、お客様来店型のビジネスの方はぜひ活用してほしいと思います。

都心部ではありふれた手法かもしれませんが、地方でストリートビューを集客に取り入れている店は少ないのではないでしょうか。これも自分自身で更新できるウェブ制作システムだからこそ可能なことなのです

法則❻
膨大な情報を発信できる動画を使い、1分間でもいいから自分の本気度と熱量を伝える。そして来店動機の可能性を限りなく広げる。

オープンマインド式
ウェブサイト集客術❻

「買い物かご」はいらない、ネットで売らない

私は2008年に自社サイトをオープンしてから今まで、「買い物かご」は付けたことがありません。

もちろんまったく考えなかったわけではありませんが、前述したように某大手ECサイトに出店した1年間の経験で、インターネット通販でモノを売ろうとするなら、それなりの通信販売のノウハウや商品ページ構成やストーリーのつくり方、写真の撮り方などの高度なサイトテクニックが必要になることを実感したのです。サイト専用の運転資金もそれなりに必要になりますし、インターネットでモノを売ることは、とてもハードルが高いことなのです。

特に私のようにオリジナルジュエリーを売る場合、なおさら専門的なノウハウが必要で、かつ実績を出すことは困難です。もし私がスポーツ用品や電化製品などのいわゆるメーカー品を販売するなら、ネット通販も十分に考える余地があるでしょう。ただ、品番や型番で

ヒットさせることはできますが、価格競争も必至で利益も少ないはずです。

一方、あなたが何かの専門家であり、トップセールスマンであれば、目の前にお客様が見えたら十分に力が発揮できるでしょう。しかし、昔のように商店街を歩いている人は少なくなり、見ず知らずのお客様がお店に入ってくることなど皆無に等しいでしょう。**ならば、あらゆる手を使って、自分の前にお客様を連れてくればいいのです。**目の前に目的を持ったお客様が来たら思う存分あなたの販売力、接客力、豊富な知識、技術力を発揮すればいいのです。

その集客ツールが、自分自身でコンテンツを更新できるウェブサイトなのです。

私は祖父、父から続くこの店舗をどうしても、もっと利用したかったのです。もともと来店型店舗だったのが、時代と共に外商販売型に変化して、私が帰郷したときには父の作業場としてしか活用されていなかったのです。ちょうど同じころ、全国の地方商店街が疲弊してシャッター通り化する現象が顕著になっていたことが、社会問題になっていました。私のいる商店街も例外ではありません。

そんな時代だからこそ、他には真似できない商品、サービス、技術力をインターネットで発信して、福岡や長崎の人が佐賀までわざわざ足を運びたくなる、そんな唯一無二の店舗にしたかったのです。それが本当の地域活性化ではないでしょうか？　派手なイベントばかりするだけではダメ、継続性がないのです。

あなたが店舗来店型のビジネスをしていて、しかも専門的なモノや知識や技術を売る業界にいるのなら、SEO対策を講じたあなた独自のウェブサイトを使い、無料SNSの流行に左右されない集客を行うべきです。自分で集客型サイトをつくることは決して容易ではありませんが、それはどのお店でも同じことで、そこに同業他社に勝つチャンスがあるわけです。

あなたが欲しい理想のお客様だけが来店してくれて、あなたのサービスに感動してくれて、気持ち良く対価を払ってくれて、時にはお土産までくださり、自然と口コミまで広げてくれる。これは最高なことだと思いませんか？　デジタル全盛の時代だからこそ、昨今のお客様は、アナログで心のこもった対面販売も同時に求めているように私には感じられます。

私のようにネットで売らない、店頭での対面販売にこだわっていると商圏が狭くなってしまいます。でも私は、全国の人にモノを売ったり、良さをわかってもらうよりは、まずは地元の人に、九州の人に評価されたいのです。

しかし、そうは思っていても、関東地方はもちろん、関西、東北、北海道など、全国のお客様からメールや電話を通して問い合わせや注文が舞い込んできます。そういうお客様たちがすべて、店頭で目に見えるお客様と同様、私の理想とする気持ち良いお客様ばかりなのです。初めからこれを狙ってウェブサイトづくりを始めたわけではありませんが、10年間コツコツ続けているうちに、結果的にいろいろな場所で見つけてもらう機会が増えていったのです。

あくまでも理想ですが、**最終的には自身の事業で専門性の高いホームページを分野ごとに2〜3個構築できれば、SEO対策の面からも大変有利に働くでしょう。**私の場合は宝飾全般・ジュエリーリフォーム・オーダージュエリー・結婚指輪の総合サイト**「佐賀、福岡のオリジナル婚約&結婚指輪・ジュエリー・リフォーム　うれしの金賞堂」**がひとつ、もうひとつが鍛造製の結婚指輪だけに絞ったオーダーメイドの結婚指輪専門ホームページ**「佐賀鍛造マイスターリング」**です。

ウェブ集客はすぐ簡単に結果が出てきませんが、小さく始めてコツコツ続けるうちに反応が出てくるものです。そうするとどんどん楽しくなり、もっといいサイトにしてやろう、と自然と進化していくのです。これもすべて自分自身で更新できる、ウェブ構築システムがあるからなのです。

さあ、あなたも流行りの無料ＳＮＳに惑わされないで、集客の王道であるウェブサイト集客を目指してみませんか？

法則❼
ネットでモノを売らずにまず自分自身を売る。そして情報と専門知識を売る。最後にお客様に感動と満足を売る。そしてあなたは素晴らしい評価と対価を得る。つまりこれが生きがい・天職となる。

STEP 4

「ランチェスター接客術」の8法則

❶ 豊富な話題とたくさんの選択肢でお客様の想像と期待を超えろ
❷ 細かな情報をメモしながら次回の接客に活かせ
❸ お客様を追いかけない、売り込まない
❹ 店頭でもメールでも細かな情報を提供して信用を得る
❺ 店内にもサイトにも自分の趣味嗜好をチラ見せ
❻ オーダーメイドでも全額後払い
❼ 「仕事を断る」という選択肢を常に持て
❽ 5種類の御礼のハガキでお客様に敬意を払え

「ランチェスター」とは、もともとは戦争で活用されたゲリラ戦法のことを指すそうなのですが、現代ではそれを商売に置き換えた集客、ビジネス戦略のことをいうようになりました。

内容を簡単に言うと、次のようなことです。

○小さな会社や店は大手と同じ戦略で勝負するのではなく、消費者に近いところで1対1の勝負をする。
○深堀りした専門的な商品・サービスで顧客を絞り込む。
○大手が行うような価格競争はしない。
○商圏を広くしない。地域も絞り、その地域で一番店を目指す。

大手企業はなるべく安い価格で、広い商圏で、大量にモノを売りますが、「ランチェスター経営戦略」は、すべてその逆の方向に舵を切っています。

私がこの「ランチェスター」という言葉を見つけたのは、退職したその足で立ち寄った本屋さんで偶然見つけた、ある本のなかでした。中小企業コンサルタントの竹田陽一さんと零細企業コンサルタントの栢野克己さんの『**小さな会社☆儲けのルール**』(フォレスト出版)という本です。

何となく手にとって、そして無職になった身分で、ひとり読み進めました。そこには「佐賀ではこういうふうにして家業を継いで生きていこう」と何となく思い描いていた経営戦略と、ピッタリと当てはまる内容が書いてあったのです。「〝目からウロコ〟とはこのことか」と、当時思ったものです。

先程のランチェスター経営戦略を私に当てはめると、

○商圏は佐賀県、長崎県、福岡県の北部九州。地元である佐賀県でナンバーワンの宝飾店を目指す。

○サービスはジュエリーのつくり替え、修理、オーダーメイドの結婚指輪、婚約指輪を主にした宝石専門店。

○店頭集客で私とお客様の１対１、顔を見ながらの接客。
○オリジナル商品のオーダーメイドのため、価格競争には巻き込まれない。
○広告は出さない。自分で構築したウェブサイト集客のみ。

となります。

最初からこのような考えを持っていたのですが、ランチェスター経営戦略は「この考え方は間違ってないよ」と背中を押してくれたのでした。佐賀に帰って家業を継いでも、長い間ぶれずにコツコツやっていくことができたのは、この本のおかげと言っても過言ではありません。

このランチェスター経営戦略を、私は自分が11年間実践している接客術と掛け合わせて**「ランチェスター接客術」**と名づけています。

以下、その詳細を述べますが、きっとみなさんの接客の大きなヒントになることだと思います。

ランチェスター接客術❶

豊富な話題とたくさんの選択肢でお客様の想像と期待を超えろ

私が店を構えているのは、九州で一番、いや、全国でも一番目立たない県といってもいい、佐賀県です。人口は約80万人。人はそれなりに住んでいますが、やはりというか、物販店は少ないのです。

宝石店なんてなおさら多くなく、だからこそ戦いやすいといえますが、私が越してきた２００８年当時は、お客様自身も店に多くを期待していないような、気だるい雰囲気が流れていました。

それでもジュエリーの相談で、いろいろな地域から車を飛ばしてお客様が来店してくれます。私のほうはできるだけいろいろなことをアドバイスしたいと思い、自然と接客時の話が長くなります。

お客様が私に相談したいことだけに答えていればいいのかもしれませんが、せっかくこんな小さな店にわざわざ来てくれたのに、質問に答えるだけ、求められることだけをこなしているだけでは、申し訳ないと思うのです。

お客様はみなさん、ウェブサイトや口コミがきっかけで来店されますが、最初のうちは「本当にちゃんと私の話を聞いてくれるのかなぁ」「親切にしてくれるのかなぁ」と疑心暗鬼なのです。高価な品を扱う宝石店だったらなおさらです。**ですから、疑念を払拭させるために、接客を通じて少しずつリラックスさせるようにするのです。**

修理の相談に対しては30分から1時間。オーダーメイドジュエリーの打ち合わせであれば、1~2時間ぐらい話すのは当たり前です。時には話が弾んでしまって、3時間を超すこともあります。私は全然苦になりませんし、お客様も時を忘れて楽しんでくれます。私は宝石に関しても、人生に関しても、今までいろいろな経験と知識を得ることができました。それをフルに活用してお客様の要望に可能な限り応えたい、という思いが根っこにあるのです。

特にジュエリーの加工というのは多様な手法や価格があり、選択肢もいくつもあるので、それを出し惜しみなくお客様に提案するのです。このように接客していると、知らず知らずのうちにお客様が求めている答えよりも、はるかにたくさんの数の解決方法が見えてくるものです。

CADでデザインした出来上がりイメージのCG画像。これを店頭でお客様に見せる

もしあなたが何気なく入った洋食屋さんが、期待していなかったけど美味しくて、しかもお店の人の気配りが心地よかったら、また行ってみたくなりませんか？　初めて入ったバーが、マスターが気さくな人で、思いのほか居心地が良かったら、友人を紹介したくなったりしませんか？　この場合、何度もお店に来ているような常連さんに対して接客がいいのは当たり前なので、**「初めて来店したお客様に対して」というところがミソなのです。**

また、ジュエリーというと手作業でつくるようなアナログ的イメージが強いかもしれませんが、私はそれだけではなく、お客様希望のジュエリーをＣＡＤでデザインして、完成イメージのＣＧまで用意して、店頭のパソコンで見せたりします。ＱＲコードをスマホで読み取ってもらって、ご希望のジュエリーがお客様のスマホ画面の中で３Ｄ立体画像として出現させるサービスも行い、さらに専用アプリでスマホに手をかざすと指にリングがはまっている「ヴァーチャル試着」までも近々実現させる予定です。

ここまで来るとお客様みなさん、「へぇ〜」と目が点になって、興味津々になってくれます。**「宝石＝地味な手作業」というイメージだったのが、こんなふうにどんどんお客様の想像を超えるのです。**話だけでなく、目からも期待を上回るようにすれば、お客様はどんどん乗ってきてくれます。

仕事上の話は当然ですが、私はお客様ご本人にもちょっと興味があるので、雑談から食べ物や趣味などの話になることもたびたびあります。お客様にしてみれば、宝石店に対してちょっとお高くとまったイメージがあるので、「手作業でのアナログな提案」「パソコンでのデジタルな提案」「宝石店らしからぬ会話の意外さ、楽しさ」で、それを解きほぐしてあげていくのです。

もちろんお客様の反応を見ながら接客していますが、接客時間が長ければ長いほど、他社と競合しても最終的に選んでもらえる確率が高くなると確信しています。外国製ブランドショップや大手チェーン店は、こんな接客をしなくても売れるだろうし、売れなかったところで大して気にしないだろうからです。**ここに小さなお店の勝機があり、価値があるわけです。**

「何を買うかもよりも、誰から買うか」

新宿の店長時代に学んだこのことは、今でも私のビジネスの重要な部分を占めているキーワードなのです。

法則❶
たくさんの会話はたくさんの信頼を生み、お客様の想像と期待を超える。そして最後に選ばれる。そこに小さなお店の勝機がある。

ランチェスター接客術❷

細かな情報をメモしながら次回の接客に活かせ

このように会話が多いと、話した内容を全部覚えておけないことも多々あります。ですから、**私は話をしながらポイントとなる事柄を、デザイン画用のノートに走り書きしています。**

例えば結婚指輪の下見に見えたお客様の場合は、「結婚式の日取りはいつか」「入籍日はいつか」「式場はどこか」「デザインのどこにこだわりがあるのか」「おおよその予算はいくらか」などを聞きながら書き留めていきます。大手の店ではこのようなお客様聞き取りシートはシステム化されている場合も多いのですが、小さな個人店で実践することに意味があるのです。

ジュエリーのつくり替えのお客様の場合は、そのバックグラウンドや手元に来た経緯、例えばお母さんの形見だとか、お母さんが成人式でお祖母ちゃんに買ってもらった指輪だとか、そのようなことを細かくノートにメモしておきます。そして来店記録の伝票と一緒に保管します。

こうしておくことには理由があります。私の場合は一度の来店で即注文、ということが少なく、多くのお客様が2回、3回と来店して、ようやく決まることが多いからです。最初の来店の話の内容を書き留めて覚えておけば、その次以降の来店のときにはとてもスムーズに進むうえ、なによりお客様の反応が違います。「この前の話、ちゃんと覚えてくれてるんだ」と、好印象を抱いてくれます。

接客している人が自分の話を聞きながら「ふんふん」と相槌を打つだけよりも、話を聞きながらサラサラと内容を書き留めている姿を見ると「ちゃんと聞いてくれている」と安心してもらえます。

小さなことかもしれませんがこれも最終的に私を、店を選んでもらう可能性を1％でも広げることにつながるのです。

品物を預かる修理や加工のお客様には伝票に氏名、住所、携帯電話番号を書いてもらいますが、**私はそれ以外の下見のお客様、とりあえず話だけ聞きに見えたお客様にもすべて、氏名、住所の来店記録を記入してもらっています。**せっかくお店に来てもらったのに、名前や住所をもらわないなんてもったいない、というのが、単純ではありますが大きな理由です。

顧客情報は物販店において、とてつもない財産なのです。たくさんある店の中から何かを感じてくれたから、縁があったからお店に来てくれたのです。購入に至ろうが至らなかろうが、そこの部分を無駄にしたくないのです。佐賀に帰って家業を継いだときの絶望的な来店客数の少なさを経験しているので、店に足を運んでもらえるだけでありがたいと思い、店頭集客や接客にやる気が出るのです。

来店伝票、注文伝票は購入の有無にかかわらず、年ごとにすべて大切に保管し、それとは別で顧客台帳に書き写しています。私はパソコンのデータではなく、手書きの顧客台帳を使用しています。リピートのお客様だとわかったら、以前の伝票をひっくり返して確認すれば、その時の内容も経緯もはっきりと思い出せるからです。

このような細かい作業を続けているうちに自然とお客様の顔、名前を覚えてしまいます。私は大切な顧客情報を得ることができて、お客様には「お得意様」という一種の気持ち良さを感じてもらえるのです。

最初のうちは私も、下見のお客様に氏名、住所をもらうことを遠慮していました。気軽に個人情報をもらうことにためらいがあったこともありますが、ただ単に「この人に売り込まれる」と思ってほしくなかったからです。

でもある日、思い切って「せっかくご来店くださったのですから、来店記録としてお名前とご住所をいただけませんか？　セールスの電話なんてしませんから」とお願いしてみたのです。するとそのお客様は、気持ち良く住所、氏名を書いてくれたのです。それから下見のお客様に個人情報を書いてもらうようになりましたが、一度もイヤな顔をされたこともありません。

専門的なサービスは特に接客する時間が長くなるので、その間にできるだけお客様情報を書き留めて接客に生かすのです。些細で面倒なことかもしれませんが、だからこそ競合他社もあまりやらないことなので、隙間をついて差をつけることができます。

これも小さなお店だからこそできる接客術なのです。

法則❷
最初の来店で多くの顧客情報を書き集め、次回の来店時に最大限に生かす。そこにはリピーターになるための、たくさんのネタが隠されている。

ランチェスター接客術❸

「お客様を追いかけない、売り込まない」

現在どの業種業界もありとあらゆるモノを売り、サービスを提供しています。その販売手法、商品は千差万別です。しかも前述したようにインターネットの普及により、お店や商品を選ぶ選択権は１００％、購入する側に存在します。

ですが、時々、このような耳を疑うような話を耳にします。

「以前入った宝石店では、なかなか帰してくれなくて困った」

みなさんも客の側に立った時、しつこく購入を迫られてイヤになった経験はあると思います。社員が販売目標を優先するような売り方をしていると、このようなことはよく起こり、お客様の気持ちは離れていってしまうでしょう。

「選択権は１００％、購入する側にある」

この考えが身に染みていれば、売り込もうとも思わないし、お客様を追いかけたりもしません。私はそう思いながら、自社商品の素晴らしさ、特徴だけを愚直に伝えるようにしています。

私の場合、特に他社との違いを明確にして説明しています。特徴、品質、価格など諸々の点で異なることを強調しますが、店頭でもウェブサイトでも、その違う点を明確に打ち出しているので、お客様自身も自分達の価値観に合うのか合わないのかを判断しやすいのです。

お客様自身で判断しやすいということは、私のほうから売り込む必要はないということです。

そのかわり、他店ではおおよそ説明できないような商品の詳しい説明や、他店ではおおよそできない技術力の詳細を、たっぷりと時間をかけてお客様に開示します。そしてお客様の頭の中に少しでも印象が強く残るように、インパクトを与えられるように尽くしていきます。

接客に入る際には、こんな言葉でスタートします。

「私の店の商品がお客様の希望に合うかどうかわからないので、とりあえずお話だけ聞いてください。決して接客テーブルに着いたからといって『買ってください』なんて言わないので安心してください。そして他のお店とどんなところが違うのか、十分比べてみてく

ださい」

この一言でお客様は、「あれ、売り込まないの？」と不思議に思うでしょうし、安心して私の話を聞いてくれます。このやり方のほうが、第一印象がいいのです。逆に言えば、自社のサービスや商品に確固たる自信がないと、こうは言えません。態度にブレがなく毅然としていて、店や私自身にお客様からの好印象をもたらし、興味を持たせてくれるのです。

私自身、最初の来店で簡単に注文が取れるなど最初から思ってもいないので、気負いがなく、緩い感じで話が進められます。

小さなお店なんて、万人受けしなくていいのです。自社の良さを理解してくれる方だけでいいのです。

逆にそうしないと印象にも記憶にも残らないし、生き残れない。このような考えで接客していても新規来店客の95％は再来店して、注文してくれます。

もちろん、最善を尽くしてもすべてのお客様が再来店するとは限りませんし、他店で購入されることもあります。そのようなお客様のときは接客していても何となくわかるのですが、「なぜ私の店が選ばれなかったのか」は、後になってから十分に検証、反省するようにします。

「特定のブランドが好きだった」「お店の規模や立地、内装がお好みでなかった」などの理由が多いと感じていますが、だからと言って自社のスタイルを変更するつもりもないので、「縁がなかった」と考えるようにしています。競合他社の商品、サービス、価格を気にしていてもしょうがないと割り切っています。そんなことを気にしている暇があったら、自社の商品や技術力、接客力に注力したほうが、よっぽど前向きな姿勢なのではないでしょうか。

もしあなたが自社サービスや自社製品に確固たる自信があるなら、もう売り込まないほうがいい、追いかけないほうがいいのです。

> **法則❸**
> 自社ビジネスの確固たる自信と特徴は売り込みを不要とし、顧客に安心感を与える。そして経営者は健康的な精神でビジネスに没頭できる。

ランチェスター接客術❹

店頭でもメールでも細かな情報を提供して信用を得る

宝飾品という高額で、専門的な商品の場合は特にですが、お客様は来店前にインターネットでキーワード検索したり、他店をあらかじめ下見しながら事前に情報を集めている方がほとんどです。

「なるべくいい条件で、良質なサービスを受けたい」とは、誰もが考えることです。

しかし意外にも、店側がこれに気づいていないケースが多いように感じます。「プロである私が言うことだから、予備知識が何もない客は信用してくれるだろう」と、思い込んでいるのではないでしょうか？

でも実際は、ほとんどのお客様は事前にいろいろな情報を持って来店するので、店側が思っている以上に目が肥えていると思ったほうがいいでしょう。

私の場合は、価格や品質はもちろん、業界の情報、自店の特徴など包み隠さず情報としてお客様にアドバイスします。そしてお客様の仕入れた情報よりもひとつ上のアドバイスをします。

その時に気をつけていることは、「おっしゃる通りですね。当店でしたら……」と、お客様の持っている情報を決して否定しないことです。

他店や業界の情報で自分が知らない情報があれば知らない、わからないことがあったらわからない、とはっきり言いましょう。自分はプロだから相手はわからないだろうと思って、ごまかしたりしてはいけません。そんなことしても後で必ず辻褄が合わなくなるだけですから。

オーダージュエリーの見積もりに関しても、その明細をはっきり見せて説明します。宝石業界は高価な品を扱う分、見積もり内容もしっかりしたものだと思われるかもしれませんが、意外とそうでもなく、ざっくりとした価格で商売されている店の例をお客様から何度も聞きました。

ジュエリーをつくり替える場合はオリジナルの製作価格のほかに、宝石を外して不要になったリング枠を引き取ったりすることもあるので、支払いが1円単位になることが多いのです。「いくらなんでも細かすぎる」と両親と揉めたこともありますが、**こうすることで「このお店は正直に商売している」と認知されるし、私も堂々と接客できるのです。**加えて他店と比べられても怖くもなんともない。こんな小さな積み重ねが店の信用を確立させるのです。

メールでの問い合わせに対してもまったく同じです。多くの問い合わせ内容はせいぜい数行の文章ですが、それに対する私からの返信内容は数十行におよぶ長いものになります。店頭で話をするのと同じ内容をメールに書くので、必然的に言葉が多くなるのです。しかもスピーディーに返信します。

思いがけず早い返信で、しかもその内容が自分が問い合せた内容だけでなく、付随する事柄が想像以上に細かく丁寧にたくさん書かれている。これで気分を害する方はいません。メールを読んだほとんどの方が「迅速で丁寧なメールをありがとうございます」と返信してくれます。

まだ問い合わせの段階なので、他店があまり力を入れたがらないのはわからないでもありません。**しかし、そこに力を抜かないことで、小さなお店のチャンスが生まれるのです。この小さなきっかけを無駄にしたくはないのです。**

ジュエリー製作、時計修理においては見積もりを出すことがほとんどです。見積もりや加工の詳細を連絡する日時、できあがりの期日は、当たり前ですが厳守です。お客様との約束は、どんなに些細なこともおろそかにしてはいけません。

中には私と同じような自営業のお客様もいて、特にこちらの仕事ぶりを良くも悪くも敏感に感じ取ります。ここで「きちんとしている人なんだなぁ」と思ってもらえたら、将来的にリピーターになってくれます。

お客様の携帯に連絡する際は、電話をかける時間帯にも気を使います。私が連絡する時間帯は、午後12時30分から13時のお昼ご飯を終えて一服していると思われる時間帯と、午後6時半から7時の仕事の終盤でゆっくりしているであろう時間帯です。

携帯電話は便利ですが、かける時間帯によって相手にとっては迷惑になるので、その部分もとても気を使います。そのために、最初の接客時に連絡する時間帯も細かく伝えるのですが、そうするとお客様のほうから逆に、かけてほしい時間帯を明確に伝えてくれます。こうすることで、自然にお客様自身が職業などについて明らかにしてくれるきっかけになるのです。

電話について書きましたので、ここでもうひとつ。近くの郵便局に郵便を出しに行ったり、銀行に行かないといけなかったりする際は、ひとり企業のため店に鍵をかけて、わずかな時間ですが留守にするときがあります。そんな場合でも入り口には「すぐ戻ってきますが、お急ぎの方は携帯まで」というプレートをぶら下げます。また、必ず電話も携帯電話に転送するように設定します。このわずかの留守の間に、ひょっとしたら注文や来店予約の電話が鳴るかもしれないからです。事実、「転送にしておいてよかった！」と思うことが何度もありました。

もちろん店舗の定休日でも必ず転送にしています。そのおかげで、休みで釣りをしていても、家族で出かけていても、必ずと言っていいほど電話が鳴ります。家族には少し申し訳ないと思いますが、苦しかった時代のトラウマがそうさせるのでしょう。知らない電話でもなんでもすべて出るのです。定休日だと知らずにかけてくる人がほとんどですが、ありがたいことです。ちょっとしたことですが、こんな小さな可能性でも無駄にしたくないのです。

時計やジュエリーのちょっとした修理や電池交換のときも、決して状況説明をおろそかにしません。数千円程度の修理価格でそこまでしなくても、と思われるかもしれませんが、このちょっとした修理の対応の仕方で、後の大きな売り上げにつながっていくのです。事実、最初は電池交換で来店されたお客様が、今度は家族の時計を修理に持ってきてくれて、次にジュエリーのつくり替えを依頼してくれて、その後ご自身の結婚が決まるとダイヤモンドの婚約指輪、結婚式が決まると結婚指輪を注文してくれることにつながったことがあります。

このような例は、私にとってはよくある話なのです。最初の対応が良くなかったら、こうはいきません。

しかも、こうしたお客様は口コミも広げてくれます。小さなお店にとってこんなにありがたいことはないし、こんな経験をすると、もうどんなお客様に対しても気が抜けなくなります。

もうひとつ、面白かったことを書いてみます。店には飛び込みの営業マンや郵便配達員、宅配便配達のお兄さんなど、いろいろな人が必然的に出入りします。みなさんはあまり気に留めないかもしれませんが、私はこうした方々にもできるだけ気持ち良く対応するようにしています。

あるとき、結婚指輪をご注文いただいたご夫婦に「ウェブサイトで検索してお見えになったんですよね？」と聞いてみたら、「いや、実は私、郵便配達で担当だったので、いつもこのお店に配達に来ていたのです。そのときに自分が結婚する際にはぜひ、このお店で結婚指輪を買いたいと思っていたのですよ」と、意外な返事をいただきました。大変嬉しかったのはもちろんです。

飛び込み営業で見えた女性が、以前に私の店にお客様として利用されていた方だったり、失礼な態度をとらなくてよかったと少しほっとした経験も、一度や二度のことではありません。

郵便局の夜間窓口に急ぎの郵便を出しに行ったときのことです。受け付けてくれた女性が清算後に私の住所を見て、ちょっと照れながら「うれしの金賞堂さん？　私、結婚指輪をつくってもらいました。覚えていますか？」とマスクを外しました。その女性は以前、間違いなくお客様として来店していた女性だったのです。向こうから声をかけてくれて、これも嬉しい体験でした。

小さな町ではどこでどういうふうに、自店のお客様になるかわからないのです。ある意味、気が抜けないのです。意外と見落としがちなことですが、できるだけ周囲の色々な人には気持ち良く接するようにしています。都心部ではありえない、コミュニティの厚い地方だからこその大切な部分だと言えるでしょう。

ちっぽけなことばかりのようですが、逆に大手チェーン店やブランド店では決して真似できない心持ちなのです。

法則❹
嘘のない、細かな対応で小さな信用を積み重ねる。その先には大きな信用と大きな売り上げが待っている。

ランチェスター接客術❺

「店内にもサイトにも自分の趣味嗜好をチラ見せ」

私の趣味はルアーフィッシングとJ１リーグのサガン鳥栖の応援、それと登山です。**私の人となりも知ってほしくて、ウェブサイトのプロフィール紹介ページには、仕事の情報ばかりでなく趣味のことも書いています。**同じような趣味のお客様はそれを見ただけでも身近に感じてくれますが、実店舗でも自分の趣味のモノを飾ったりして、できるだけ仕事以外に話が広がるような工夫をしています。

サガン鳥栖の選手のサイン入りユニフォームや、釣り上げた魚のデジタル魚拓を、邪魔にならない程度に店内に飾っています。居酒屋のオーナーさんが贔屓のプロ野球チームのユニフォームを飾ったりしているのと同じで、特に目新しいことではありませんが、これを宝飾店で実践しているところがミソです。**敷居が高そうな宝飾店なのに、自分と同じ趣味のものが飾ってあったら、ちょっと意外だと思いませんか？**　ここでお客様が興味を持ってくれればしめたものだし、私自身は自分の店は大好きな空間なので、そこにプライベートでも大好きなものが飾れたら、ちょっと嬉しい。

ここで気をつけないといけないのが、「やりすぎない」ということです。**チラ見せ程度で、決して本業を邪魔してはいけません。**あまりに店主の趣味の押し付けがうるさくて、お客様に疎ましく思われたら、本末転倒です。

お客様にとっては、希望のジュエリーをつくるという楽しい買い物以外に、同じ趣味という共通な話ができたら。もっと楽しい時間となります。事実、サガン鳥栖の話や釣りの話が仕事の打ち合わせより多くなることもしばしばで、こうやって自分という人間をより身近に感じてほしいのです。みなさんも初対面の人と思いがけず同じ趣味の話で盛り上がった経験があると思いますが、これをウェブサイトとリアル店舗で表現するのです。特に難

釣り上げた魚のデジタル魚拓（上）と、サガン鳥栖の選手のサイン入りユニフォーム（下）。これらの趣味のアイテムを店内にさりげなく飾る

しいことではありませんが、できればリアル店舗ではちょっとおしゃれにディスプレイできればベストです。

ここで重要なのは、ウェブサイトの情報とリアル店舗での情報の間に、差異がないようにするということです。これはサイトに載せる店舗の写真ひとつとってみても、とても大切なことです。

私は家族でよく日帰り温泉に行くのですが、ウェブサイトで見たお風呂の写真とリアルのお風呂の景色が違うことがよくあります。現実が想像より良ければ問題ないのですが、その逆はがっかり、残念という印象しか残らないものです。プロが撮っているのですから、実際のものよりきれいに撮るのは当たり前ですが、写真と差がありすぎては元も子もありません。

私は店舗内写真を自身で撮影しているので、小さな店舗を広く見せることはできませんし、コメントでも「決して広い店舗ではありません」と書いています。外観もグーグルストリートビューで確認できるようにしてあります。外的環境でがっかりさせないためのポイントです。

営業時間や営業日などについても同じです。サイト上には「本日営業」になっているのにいざ行ってみると臨時休業だったりしたら、お客様もがっかりです。私は毎週木曜日定休で、営業時間は午前10時から午後7時までと明記しています。そのため大雨でも、大雪でも、戦後最大の台風が来ても、午前10時から午後7時までは必ず営業しています。「今日は大雪だから早く閉めようかぁ」などと決して考えません。それはただ単に店主のわがまま、気まぐれです。

そんな大雪の日でも「タイヤがスリップしましたが何とか着きました」と結婚指輪の相談に来てくれた方もいました。しかもこんな例はこのお客様だけではないのです。営業日、営業時間を明記しているなら、それにのっとって営業する。ごく当たり前のようですが、知らず知らずの内に甘くなる部分だと感じます。

このように個人的に好き勝手できる環境は、大手チェーン店やブランドショップでは絶対真似できない、ひとり店舗独自の運営術なのです。

法則❺
ネットとリアルでの差異のない情報発信と自分の趣味を明らかにすることは、お客様に親近感を与え、お店には新たな顧客を生み出す。

ランチェスター接客術❻

オーダーメイドでも全額後払い

私の店の売り上げの多くはオーダーメイドジュエリーの製作と各種修理です。私が以前在籍した会社でもオーダーメイドジュエリーの受注はありましたが、当時はすべて全額前払いでした。十年以上前の話ですが、現在も大手小売店は変わらないと思います。「大手」「ブランド」という看板が信頼を生んでいるのでしょう。だから品物ができていない状態でも、お客様は心配することなく先払いに応じます。

一方、私のような小さな店は「大手」や「ブランド」などではないため、先払いには少なからず、お客様の不安が付きまとうと予想されます。

なので、私はオーダーメイドジュエリー、各種加工、修理において、一切先にお金は預かりません。前金、内金、手付金と言われるもの、すべてにおいてです。

もちろん前払いが悪いなんてまったく思いませんし、単にこんな小さなお店で、しかも品物ができてもいないのにお金を預けるなんて、お客様には不安があるだろうと察し、その不安をゼロにしてあげたいと思ったのです。同業・同規模のお店がどのようにしているかははっきりわかりませんが、手付金をもらわず全額後払いというお店は少ないのではないでしょうか。

金額が大きかろうが小さかろうが、すべてのリスクを店側が背負うのです。こうすることでお客様の不安は取り除かれ、一方で私は「ご希望通りのジュエリーができなければ、お金をもらえない」という逃げ場がない立場に置かれます。しかし、そうすることでデザイン、品質のあくなき追及につながり、最終的に高品質で想像以上のオーダーメイド・ジュエリーが完成するのです。

自分にプレッシャーをかけ続けるのでしんどいですが、これが自然と自社の技術が進歩していくことにもつながるのです。

しんどいことばかりでもありません。私は注文を受ける際にこのようにお願いすることがあります。

「できあがりやお渡しの日程は十分理解しました。そこでひとつ、お願いがあります。今までお客様との約束は守っていますので、『まだできませんか？』という心配の電話はお控えください」

こう伝えることで、変に催促されたりすることもなく、自分のペースで作業を進行できるのです。まだお金をもらっているわけではないので、多少こんなことを言う権利もあると思います。

来店できない他府県のお客様からの注文も同じで、基本的に品物が完成して、配送してお客様の手元に届き、確認してもらって問題なければ後日お振込み、という手順をとっています。

でも、このようなことをしていると、店頭でお客様にときどき「嬉野さん、ダメですよ！そのうち絶対騙されますよ！」と叱られます。個人的に性善説に基づいているというのもありますが、これまでもトラブルなしでやってきただけに、なんとなく続けてしまってます。

ついでに書くと、若い男性のお客様で「婚約指輪をつくって来月の彼女の誕生日に贈りたいのですが、今はあまりお金がないんです。再来月にボーナスが出るのですが……」という方がいました。2度目の来店で、住所、氏名、電話番号ももらっているその男性は、私の息子と同じような年齢です。

私は、そんな相談をされたら断れない性格なので、先に婚約指輪を渡して支払いは延ばしました。その男性だけでなく、彼女も喜んでくれたのは言うまでもありません。

法則❻
全額後払いでリスクはすべて自分で背負う。代わりにお客様の不安をゼロにする。この気骨は必ず品物に現れる。

ランチェスター接客術❼

「仕事を断る」という選択肢を常に持て

私の店には多くのお客様がさまざまな依頼で来店されます。前述したように、ほぼすべてのお客様が理想の方々で、基本的に仕事を断ることはないのですが、年に一度くらいはそうでないお客様の来店があります。接客業を30年もしていると、話した瞬間にいろいろセンサーが働くのです。

そんな時は金額にかかわらず、勇気をもって丁寧にお断りするようにしています。

「小さな店で暇そうだから受けてくれるだろう」
「いつも購入する大手小売店はやってくれない修理。こんなことは小さな店にさせよう」
「ブランドが好きだけどショップが遠い。近くの店を便利に使おう」

態度の後ろに隠れているこのような感情は、話しただけでわかります。こういう場合はただ単に安く、適当に使われるだけなので、無理して受けてもこちらにはリスクしかないのです。第一に私が気持ち良くなく、軽く見られてそれで終わりです。

こんなことはごくごく稀なことですが、**「店のスタイルに合わなければ断ればいい」と腹をくくっていると、気持ちが楽になります。**気乗りしない仕事は、最初から受けなければいい。

また、こうした感情的な問題ではなく、お客様が希望するデザインの実現が、物理的に、構造的に難しい、というケースもあります。その場合は簡単に断ったりするわけもなく、細かく説明したうえで代替え案を提案して、お客様の反応を観察します。ほとんどの方が気持ち良く受け入れてくれますが、受け入れてくれない場合は、断るしかありません。その場合、「私が無理にお受けして万が一ご迷惑をかけると申し訳ないので、他のお店と比べたほうがよろしいですよ。決してお安いものではないので、デザイン的な部分も、金額的な部分も他の店と比べてください」というふうに伝えます。

時には「加工をお願いしたら、ダイヤモンドをすり替えたりされませんか？」といった不安を口にされることもあります。常に高額品を扱っているので、受ける私も預けるお客様もお互いに信頼がないと成立しません。この場合も「信用していただけないと、私も怖くてお預かりできません」と、いつでも断る勇気を持っています。信頼関係がないと、トラブルのリスクが大きくなるのです。

このように、今までの経験に基づいてお客様を観察し、リスクを事前に察知し回避するためにも、断る勇気は必要です。簡単なことではないですが、小売接客業においては大変重要な要素です。

お客様は店を選びます。でも、店もお客様を選びます。

自社のサービスや技術に自負があるという前提があってこそできることですが、これも小さな店だからできる術なのです。

法則❼
仕事を断るという勇気はリスク回避と自社の毅然たる姿勢を表す。その姿勢は必ず自店の価値を上げる。

ランチェスター接客術❽

5種類の御礼のハガキでお客様に敬意を払え

俗にいうサンクスレター、つまり物販店が来店客に出す御礼のハガキ・DMの類は、大手販売店でも店頭スタッフに書くように指示されているようです。しかし、おおよそ来店後、もしくは購入後の1回だけにとどまっているのではないでしょうか。

私の場合は以下の5種類をお客様の来店動機に応じて書き分けます。

❶

下見のお客様へは初めての来店後、1通目のハガキを手書きします。内容は以下のようなものです。

「先日はお忙しい中ご来店いただき、またお品物もご検討いただきまして、本当にありがとうございます。他店と比べて当店の品物がお好みに合うようでしたら、嬉しく思います。またのご来店を心よりお待ちしております」

❷

時計の修理をお預かりしたお客様へは、こうした内容のハガキを書きます。

「先日はお忙しい中ご来店いただき、また時計修理見積の依頼をくださって、本当にありがとうございます。見積もり詳細がわかり次第、必ずご連絡致しますので、今しばらくお待ちください。では今後ともよろしくお願い申し上げます」

❸

結婚指輪やオーダーメイドジュエリーの見積もりを了解してくれたお客様には、このようなハガキを書きます。

「先日はお忙しい中ご来店いただき、また早速お見積りもご了承くださり、本当にありがとうございます。ぜひできあがりを楽しみに、今しばらくお待ちください。

どうぞ今後ともよろしくお願い致します」

❹ 修理、加工、オーダージュエリーなど結婚関係以外のお客様へ納品、清算してお店を後にされたら、このハガキです。

「この度は当店をご利用いただき、本当に感謝しております。また何かの際に思い出していただけると嬉しいです。どうぞ今後ともよろしくお願い申し上げます」

❺ 結婚指輪を購入したお客様が店を後にしたら、このハガキです。

「この度は人生の大切なお品を当店でご注文いただきまして、本当に感謝しております。このリングを大切にして、これからも末永く、仲良く歩んで行かれることを、心より願っております。この度はご結婚おめでとうございます」

基本的に住所をもらう場合は、必ずハガキを出すのです。ただし、お客様によって、出す枚数や種類を、以下のように変えます。

○ジュエリー修理のお客様は❹のみ。
○時計修理のお客様は❷＋❹。
○結婚指輪を注文してくれたお客様へは❸＋❺。
○結婚指輪以外のオーダーメイドジュエリーやジュエリーつくり替えのお客様へは❸＋❹。
○結婚指輪やオーダージュエリーなど下見で来店されたお客様へは❶。

このハガキは２００８年から今現在も続けています。

ハガキを一番多く出すお客様の場合をシミュレーションしてみると、結婚指輪やオーダージュエリーを下見して、その後再来店して受注、できあがって納品後1～２週間たってから最後のサンクスレターを出す場合です。❶＋❸＋❺、もしくは❶＋❸＋❹の組合せで、どちらの組合せも計３通です。

住所を書いてもらったお客様すべてに、これを出し続けるのです。面倒くさく、地味な作業だと思いますか？　あなたがそう思うから、逆に価値があるのです。大きな店舗がやりたがらないことだからこそ、そこに商機があるのです。

ここでも決して売り込んだり、新商品など紹介したりしてはいけません。**何よりも来店**

していただいたことに敬意を表すのです。そして「感謝」を伝えるのです。これに徹してください。

御礼のハガキを送る際の心構えとして、以下のことをわきまえてほしいと思います。

○すべてのお客様がわかってくれると思わないこと。

○20組のうち1組のお客様にでも伝わればいい、多くを期待しないこと。

○やり続けてルーティーンワークとすること。

店側が一方的に送るわけですが、少なくともお客様が嫌な気持になったり、怒られたり、クレームになることなどはありません。「STEP3」で下見のお客様にも必ず「来店記録」を書いてもらうと書きましたが、この御礼のハガキを出すためだけに名前、住所を書いてもらうのです。お客様にも失礼がなく、私もハガキが出せる。

下見をするということは、他店と比べるということです。他店にはない「接客スキル」「商品」「技術力」を印象付けて、加えて自宅にこのハガキを送るのです。私にとってこのハガキもまた、自店を最終的に選んでもらう可能性を広げるのです。

様
先日は、お忙しいなか ご来店いただき、
また 早速お見積りもご了承頂き、
本当に、ありがとうございます。
是非 出来上りを楽しみに 今しばらく
お待ち下さい。
今後とも宜しくお願い致します。
時節柄 くれぐれも ご自愛ください。

ご来店いただき、
感謝致します

うれしの金賞堂
Jewelry & Craft

2020, 8, 25
嬉野敏彦

著者が来店したお客様に贈るハガキの文面

また、手書きしているとお客様の名前を憶えやすいし、見積もりやできあがりの連絡をする際に「先日来店頂いた『うれしの金賞堂』です」と電話越しに伝えただけで、「あ〜！（ハガキを頂いた嬉野さん）どうも！」と、とてもスムーズに話が進むようになります。中には丁寧に「おハガキありがとうございます」と直接言ってくれるお客様もいます。リピートのお客様へは微妙に文章を変えて送ることもあります。

LINEでもなく、メールでもなく、アナログな御礼のハガキだからこそ、逆に印象に残るのです。

目に見えて売り上げが上がるような即効性はありませんが、やり続けていくと知らぬ間にお客様がお店を見る目が変わっていると思います。

お客様に敬意を払うという観点で、もうひとつ書きます。それはお釣りです。**私はできるだけ新札をお返しするようにしています。**少し昔だったら意外と当たり前のことかもしれませんが、今ではこのような小さなことは忘れ去られてしまっているかもしれません。

事実、新札でお釣りを渡すと「やっぱりこういうのはいいですよね」と、ご商売されているお客様は特に敏感に好反応してくれます。

対価をいただいたことに対して言葉だけでなく、お釣りを通して感謝、敬意を払うのです。

私がよく利用している美容室は、私と同年代の男性がひとりで経営しているのですが、その方もお釣りは必ず新札で渡してくれます。受け取る身にとってみれば、とても気持ちいいものです。

このような小さな気持ちも決して無駄ではなく、リピーターになる可能性をほんのわずかでも上げてくれるのです。

法則❽
御礼のハガキを出すのは、極めて当たり前のこと。感謝と敬意で地域に根差した店となる。

STEP
5

「地方」で「ひとり」で「起業」したいあなたに

❶〝人間力〟にデジタルツールをプラスせよ
❷「都会で仕事をする」ことにメリットはない
❸家業を継ごうと考えているあなたへ ～我慢と刷新でスムーズな事業継承～
❹起業を考えているあなたへ ～「ひとり起業」5つのアドバイス～
❺アフターコロナを生きるために私が行った5つのこと

STEP5―❶
〝人間力〟にデジタルツールをプラスせよ

最近よく、テレビなどで「ネット店舗とリアル店舗」という言い方を耳にします。業種によってはネット店舗だけ、またはリアル店舗だけのどちらかだけで、ビジネスが完結することもあるでしょう。

しかし私の店舗のように。ネットとリアル、どちらも高いレベルで揃わないとうまくいかない店があるのも事実です。大企業だったり、零細企業やひとり企業だったり、顧客層が高年齢だったり、若年層だったり……、ビジネスは規模や客層によっても大きく変わってきます。

でも私はつくづく思うのです。**ビジネスも最終的には〝人〟対〝人〟であると。**

どのような人が、どのようなサービスを提供するのか。「何を」買うかより、「誰から」買うか。私が生き残れるのはこの価値観の世界だけなのです。

モノがあふれている現代だからこそ、デジタル機器があふれていて便利な時代だからこ

「うれしの金賞堂」の店内。マンツーマンの接客の場である

そ、人はアナログな人間同士の生身の関係性を、知らず知らずのうちに求めているように、私には思えます。

ネットの通信速度が速くなって、便利で気持ちいい。欲しいものがワンクリックで買えて嬉しい。物質的な豊かさからも満足感は得られますが、見知らぬ人に優しく手助けしてもらったり、思いもよらない温かい対応に嬉しかったりするのは、どの時代でも変わらぬ幸福感をもたらしてくれます。私はそこに重きを置いたビジネスを、佐賀の小さな店で実践しているのです

品物を購入するお客様側と製作する店側の関係でスタートしても、最終的には〝人間〟×〝人間〟なのです。私のビジネスにおい

ては。デジタルツールが使えればもちろん優位に立てますが、それ以前に〝人間力〟で勝負しないと、最終的には勝てないのです。ひとり会社だからこそ、物量的マンパワーでは勝てないので、ミニマルな土俵で勝負するしかないのです。

一方、インターネットは地方、都会、大企業、個人事業など関係ありません。ビジネスの現場では、すべて平等になります。**マンパワーで勝てないなら平等なプラットホームを使えばいい。**ただそれだけの理由で、インターネットを使ったウェブサイト集客に力を入れてます。

これからは間違いなくデジタルツールを使いこなせるかどうかが、あなたのビジネスを大きく左右します。もうパソコンを知らない、わからないでは通用しない時代です。今の10〜20代はネットでつながるのが当たり前の世代で、これからは彼ら彼女らが顧客になり、または仕事上の後輩やライバルになるのです。

変化に対応していかないと生き残ることができないのは、有史以来変わらない真実です。環境に対応して変化、進化した生き物しか生き残れないのです。

今までの人生で培ってきたあなたのアナログな〝人間力〟に、世界平等なデジタルツールをプラスして、唯一無二のビジネスを創造する。そこに、人生においてもっとも大きな喜びと生きがいが生まれるでしょう。

STEP5－❷ 「都会で仕事をする」ことにメリットはない

宝飾品加工販売業という私のモノづくりの現場においても、コンピューター、デジタル機器の存在は無視できません。CADを使ってデザインし、デジタルツールを使い原型を製作すれば、手作業よりも圧倒的に速いスピードで、正確な作業ができるという優位点があります。

一方、フリーハンドでの手彫り、手作業での各種修理などはデジタル機器だけで処理できるものではなく、いわゆる職人としての勘や経験が必要で、誰しもが簡単に真似できるものではありません。私にしかできない手彫り、そこに大きな価値が生まれ、自店の差別化にもつながるというメリットがあります。

デジタルツールは扱い方が理解できれば年齢、経験に関係なく、しかも異業種でも操れ

デジタルツールでデザインして、手彫りで仕上げられるオーダーメイドリング

ます。そこで差別化は難しくなり、宝飾業界に異業種が参入しやすくなるケースも生まれます。

ただ、大企業が大量生産のためにデジタルツールを使うのは極々当たり前なので、デジタル技術の圧倒的なスピード感とミクロン単位の正確性にアナログ技術が融合させることに、「ひとり起業」の醍醐味があるのです。

私の店でいえば、以下の通りです。

○経験豊富な宝石屋のオヤジが最先端のデジタル機器を駆使し、手彫りなどの超アナログな技術を持ちながら、豊富な情報が掲載されたウェブサイトで集客、地域を活性化させる。

○店頭にお客様が来たら圧倒的接客力で信用を勝ち取り、売り上げにつなげる。
○都会より競争が少なく、勝ちやすい地方・佐賀でビジネスを展開する。

このやり方に至るまで、特定のコンサルタントにアドバイスを求めたりなどしたことはありませんが、結果を見ていてもおおよそ間違いはなかったと、佐賀でリスタートして11年経った今となっては思います。

本書を執筆している間は、新型コロナ感染が世界中の問題になっている真っ最中ですが、コロナが終息した世界はどうなっているのでしょうか。ネットを使ったテレビ会議が普通になり、テレワークが推進されます。**要するに、毎朝満員電車に揺られて都心部に出ていかなくても仕事ができる、ということに世間が気づき始めたのです。**するとなかには、コストが安くて戦いやすい地方に住み、都会の喧騒に惑わされることなく自分基準の時間でビジネスをする人も増えるかもしれません。

少なくともビジネスにおいては「都会で仕事をする」というだけでは、もうメリットは存在しないのです。私もあのまま、東京で会社員を続けていたら、少なくとも今のような充実した人生を過ごすことはできなかったでしょう。

STEP5―❸ 家業を継ごうと考えているあなたへ～我慢と刷新でスムーズな事業継承～

現在、日本の中小企業の経営者は60代、70代が約6割。その多くが後継者不足に悩んでいます。素晴らしい技術やサービスを持っていても、その意志を継ぐ人が少ないのです。事実、私の取引先の多くが、その問題に直面しています。

子の立場からすれば「家業を継ぐより、会社員のほうが将来の不安がない」という安定志向。親の立場からすれば「こんな大変なこと、子どもにはさせられない」という親心や、「家族を巻き込んでまでリスクを負えない」という家長の立場。家業を継ぐなんて、本人の強い意志と家族の理解などの外的な要因がタイミングよくリンクしないと、実現しにくいのです。

私の場合は離婚して独り身、会社でもやり切った感がみなぎっていたので、40歳で退職して佐賀に帰ることに、さほど抵抗はありませんでした。

もちろん、社長である父には事前に経営状況などは聞いてはいました。その時は「十分に継ぐ価値がある」と言い放っていましたが、いざ決算報告書に目を通した途端に大騒ぎになったのは、冒頭でお話ししたとおりです。赤字で自分の給料すら出ない有様で、これで尻に火が付きました。

集客するために、売り上げを改善するために、いろいろ手を打ちたいのですが、そこに立ちはだかるのが「世代間の考えの違い」です。**高度経済成長期の成功体験がベースになっている世代とバブル崩壊以降の危機感満載の世代とでは、そのビジネス観に温度差がありすぎたのです。**

ここで気をつけないといけないのが、跡取りは所詮「後で会社に入ってきた人」で、発言のプライオリティは先代社長の父親のほうにあるということです。私の周りの話を聞いてもほとんどの跡取りがこの状況で悩んでいます。解決しなければいけない問題点は山ほどあるのに、いきなり急ハンドルは切れないのです。「現在のお店があるのは祖父から継いでくれた父のおかげ」と無理やり言い聞かせながら、ひたすらぐっと我慢するしかありません。

我慢しながら遠巻きに店を、会社を観察し、先代社長が得意でない、詳しくない部分を見つけて、その部分から変えていきます。

私はパソコン、ウェブサイト、クレジットカード関連、インターネット関連から手をつけ、両親が得意でない部分から少しずつ変えていきました。彼らはそうした方面はわからないから、口を出せないわけです。そうしたツールやサービスは、それまでの経験もあるので、すぐに準備できます。

しかし、集客はそういきません。私の場合は結果的に集客、売り上げが改善されていきましたが、やはり最後は目に見える結果、**つまり「新規顧客の増加」「新規売り上げの増加」、このふたつのカードを切りながら、徐々に世代交代に持っていかないといけません。**

結果が出ていないのにかっこいいことばかり言っても、いつまでたっても説得力はゼロのままです。でも、逃げ場はないし、これを乗り越えるしかない、といつも自分に言い聞かせていました。

我慢できず大ゲンカをして、完全に自分で新しい会社をつくろうとして、不動産屋を回ったこともあります。このときには父から引き止められ、金銭的にも現実的でなかったので、思い踏みとどまりました。

もうひとつ、悶々とする種があります。税理士さんです。会社が何十年も付き合っている税理士事務所があり、長い間お世話になっているので馴染みはあるのですが、時が経つにつれて私が求めていることとの相違点が出てくるわけです。そのままにしておくといつまでも解決できないので、最終的に私から正直に事情を話し、方向性が合う自分の知り合った税理士さんに交代してもらったのです。

この場合、税理士さんは家族ではないので決して喧嘩なんてしてはいけません。彼らは優秀なので、冷静に話し合えば良く理解してもらえます。**最後は本丸である〝お金〟のことについて、新しく味方につけた税理士さんと少しずつ改善していくのです。**

このようにして代表取締役を交代するまでに、最終的に5年かかりました。ちょうど店をリニューアルしたタイミングで、外観も業務内容も私の色に変化させたのです。私が45歳のときです。

父は2018年5月、81歳で他界しましたが、今では「継ぐお店」を残してくれたことを感謝しています。

もし実家の家業を継ごうかどうか迷っている方がいたら、**「迷ったらイバラの道を進もう」**と言ってあげたいです。

STEP5－❹

起業を考えているあなたへ～「ひとり起業」5つのアドバイス～

私は厳密には創業者ではなく家業を継いだ形だったのですが、気持ちは「起業をした」という心構えでした。実際、ほとんどゼロ地点からのスタートだったことは前述した通りなので、本書の中では「ひとり起業」と書いています。

この項では、これから起業を志す方への、私なりのアドバイスを、以下に箇条書き形式で書いてみます。

①　初期投資はできるだけ小さく抑える

ゼロからのスタートであれば、初めから莫大な投資をした立派な店からスタートせずに、まずは身の丈に合った規模で小さく始めるべきです。そこから、少しずつ大きくしていけばいいのです。

私の店の近所に駐車場付きのセブンイレブンがあったのですが、まもなく閉店し、そのまま同じ建物に居抜きで飲食店がオープンしたことがありました。個人経営で、資本力はそれほど大きくないことは、すぐにわかりました。それでも大きな看板を出し、厨房を作り、アルバイトを5～6人雇って営業していました。決して初期投資は安くはないでしょう。もちろん、ひとりで回せる規模ではありません。そのうちタウン誌広告のみならず、地元のテレビ局にCMが流れ始めました。

交通量が多く、駐車場も広い、そこに広告で露出度を上げ、客数を稼いで大きな売り上げを計算していたのでしょう。これは大手の戦略パターンです。案の定、1年過ぎると露出度が減り、客も減り、間もなく閉店しました。

この例から見ても、**個人や小さな会社は、ランチェスター戦略に乗っ取った「弱者の戦略」でスタートするべきなのです。**

私も店をリニューアルするまでの5年間は、古ぼけてたくさん残っていた包装紙やお客様用袋、包装用シールなどの備品を無駄なく使い切りました。接客用の椅子やショーケース、A看板に至るまで自分で手直しして、極力お金をかけないように努力しました。要は規模ではなく、中身なのです。

商品在庫を多く持ちすぎないことも、初期投資を抑えることにつながります。私も受け継いだ膨大な在庫を少しずつ販売しながら、時には材料として利用し、減らしていきました。その代わり、お金をかけないようにサンプルをつくり、ショーケースが寂しくならない戦略を取りながら、独自のスタイルを築いていきました。

② できるだけ人は雇わない

私のような器が小さく、部下や上司との人間関係に苦労した人間はひとりか、もしくは妻とふたりでの経営に徹するほうが、性に合っています。

もし奥様が事業を手伝ってくれている場合、それは一番の理解者、応援者です。私の妻も前職を辞めて顧客管理や経理など、事務全般を手伝ってくれています。給料は安いですが決して不満も言いませんし、その代わり子供や妻が体調を崩したり、小学校の用事などのときはフレキシブルに休んでもらって、決して無理はさせません。私もできるだけ家族サービスをして安い給料の穴埋めをしているからかどうかわかりませんが、家族円満です。

このように身内の人間関係のストレスがないと、すべてのパワーを目の前のお客様につぎ込めるようになります。

私の場合は、宝石店という特殊な業務形態であることも関係していますが、自分が目が届く狭い範囲で、その代わりに内容をより深く、深く掘り下げて、宝飾専門店として生き残っていきます。これからも人を雇うことはないでしょう。

③ 専門分野に一極集中し、消費者と一対一で

名刺交換すると、その裏にたくさんの事業内容が書かれているものをよく目にします。相互関係がある事業内容だったら一向に構わないのですが、中古車販売業の横に健康食品販売、さらにその横にはウォーターサーバーの代理店、といった感じに相互にかけ離れた肩書が並べられていても、いったい何の仕事をメインにしている人なのか、わからなくなってしまいます。

広く浅くしておけばどこからかでも売り上げが取れるという考えでそうしているというなら、現実はまったく逆だというしかありません。専門店、専門職としてきっちり認識されないと、大企業に力負けしてしまいます。当たり前のことのようですが、意外と創業時にこのようなスタートを切る人が少なくないのです。

ですから、あれもこれもと事業内容を詰め込むのではなく、ひとつの分野の専門であるという一点に集中し、深く深く穴を掘るのです。そして、できるだけ消費者に近い距離で

勝負する。これが「弱者の戦略」です。

④ 商圏は狭い範囲で勝負

インターネットのオンライン販売に注力するなら、全国が商圏になります。しかし私のようにオンライン販売しないビジネススタイルの場合は、やはり広範囲を目指さず、狭い範囲で勝負するのです。私の商圏はまず地方で、第一は佐賀県内、次に福岡県、長崎県。この3県の、せいぜい九州北部が商圏です。

士業の方などであれば地域密着、全国が商圏なんてありえません。お医者さんもほとんどが地域密着です。いずれも競争が大変激しい業界なので「専門職」で「地域密着」であったとしても、**一番の問題は「新規集客」でしょう。**

⑤ ビジネスにできるだけ多くの時間を注ぐ

第五は勤労時間です。資本力や事業規模は会社によって違いますが、平等なものは時間です。1日24時間、1年365日です。車を発車する時にパワーが必要なように、創業時も力を全開にします。

私の場合は月2回の休みにして、より多くの時間をビジネスに当てました。勤労時間がライバルや、同業他社、大企業と同じでは勝てるわけがありません。昨今の働き方改革とは真逆の方向性ですが、自分のビジネスで生きていこうとするならば、人と同じではダメなのです。その覚悟が必要です。

ちなみに店舗の営業時間は10時～19時なのですが、接客で19時を過ぎることも多々、当たり前にあります。また、開店は10時ですが、8時には出勤して作業をしています。ひとり店舗経営だと、お昼時間なんてありません。手が空いたときにパパッとパンやおにぎりをつまむ程度で約5分です。しかも変わらずパソコンをいじりながら、です。長時間労働がよいというわけではありませんが、そのぐらいの気持ちでいないと生き残れない時代なのです。

朝8時から夜の19時までみっちり、きっちり仕事するので極力接客以外では残業はしません。なので、19時に閉店して歩いて帰ると、19時30分には自宅に着き、家族で食事をします。また自宅ではよっぽどでない限り仕事はしません。

要はメリハリ、気分転換が重要だと感じます。それも、ひとりでうまくコントロールしていくのです。

以上は、あくまで創業時でのアドバイスです。**多くの従業員を抱えるまでに成長し、事業を拡大し、収益を上げ、社会に貢献する。これができるのは、あなたのやり方次第なのです。**

STEP5-❺ アフターコロナを生きるために私が行った5つのこと

本書を書いている2020年現在、新型コロナ感染症の拡大で、日本人の誰もが経験したことがない非常事態を体験しています。

経済にも甚大な影響を与え、大企業、中小零細企業、個人事業にかかわらず深刻な状況です。経営者のみならず正社員、非正規社員、パート、アルバイトまで及ぶ失業も増えることでしょう。原因が疫病であっても、政府の対応はともかくとして、今の状況について誰も責めることはできません。

ただ、この状況でも良くも悪くも自分の判断で道を決めることができるのは事業者、経

営者だけです。

雇われる側だったら、もう自分の意志ではどうにもできない。仕事も休みもコントロールできない。これからは特に大企業に所属しているから安心、という状況ではなくなるでしょうし、間違いなく時代はもっと変わるのです。

私が地方で「ひとり起業」してから11年間、ビジネスを続けてきて強く思うことがあります。それは**「自分の人生は自分でコントロールするしかない」**ということです。言い方を変えると、自分のビジネスを自分以外のものにコントロールされたくない、邪魔されたくないのです。また、頼りたくもないのです。

景気の良し悪しに左右されない、言い訳にしない。国の政策や、県や市の行政に左右されない、頼らない。知人や友人、親兄弟をあてにしない、期待しない。

こう書くと変人のように思われるかもしれませんが、「自分の仕事する力」だけを信じていたいのです。したがって、誰にも左右されることなく、すべて自分自身でコントロールできるようにしたいのです。

仕事ができてもできなくても、すべて自己責任です。外的要因は自分ではコントロールできませんが、自分の人生、ビジネス、生き方は自分でのみ決めることができます。

私の場合はスモールビジネスだからこそ、お金のこと、仕事のこと、家族のこと、生き方すべてを自分の意志で決めていくことができるのです。長年にわたってしがらみだらけの会社員も経験しているので、ストレスなく自分のやりたいことに集中できる素晴らしさは痛感します。

何が理想か、何が幸せかは人によって異なるでしょうが、周りの状況に惑わされず、自分で自在にコントロールできる仕事のやり方で、気持ちの良い環境や地域で生きていけるのなら、自分でも納得いく人生が送れるはずだと私は思っています。

現在、私の宝石店は、

「クリスマス、バレンタインデーなどのイベントに頼らない」
「消費税増税など、国の政策のせいにしない」
「国の補助金などを期待せず、必要なお金は自分で借りる」
「新しい情報や技術は自分で判断し、探し、必要ならば自分で動き、自分で得る」
「自分のお客さんは自分で探す」
「雑多な情報、人の意見に惑わされない店舗経営」

といったモットーで営業を続けています。これが私の理想のビジネスでもあり、納得できる生き方なのです。

新型コロナウィルスで時代が大きく変わると、テレビでは連日報道されています。アフターコロナではテレワークが推進され、リモートでの仕事も当たり前になるかもしれません。価値観が大きく変わることもあるでしょう。でも、私はそれと同じくらい変わらないものもあると思います。

私のような物販店も存在し続け、ネット販売も存在する。これからはビデオ会話ツール「Ｚｏｏｍ」を使ったリモートでの接客も必要になってくるでしょう。でも全国すべてのビジネスがリモートワークの流れになっていくとは、私には考えられません。**なぜなら、対面販売の素晴らしさ、必要性はなくならないと思うからです。手作業の技術の素晴らしさも、機械頼りではできないことです。**コンピューターでのモノづくりが進んだ現代でも佐賀の有田焼、伊万里焼は今もなおその高い技術が受け継がれていて支持されています。

お客様の側にとってもネット、リモートでの注文は楽でしょうが、お店に行くという楽しい行為はいつの時代でも需要が高いのです。私も個人的に、ネットで趣味の釣具を購入することもありますが、同じくらいの頻度で釣具屋さんに行って買い物をします。リアル店舗のほうが少し高くても、です。理由は釣具屋さんに行く行為がワクワクする、釣具屋さんの空間が楽しい、ただそれだけなのです。

コロナ感染が拡大を続けていくのならば、私の店もリモートでの打ち合わせを導入するようになるかもしれません。しかし「うれしの金賞堂」に行って買い物をする、打ち合わせをする、おしゃべりをする、それが楽しい、そうしたいと思ってくれる店であり続けたいのです。

ちなみにこのコロナ禍で私がいち早く行動したことを、以下に紹介します。今からでも遅くないので、参考にしていただければ幸いです。

① 政府系金融機関に多めの融資申し込み

2月、3月あたりから徐々に感染症が広がり始めたときに、まず第一に考えたのが、〝お金〟のことです。

私の場合、ひとり会社のため、1ヶ月の固定費はそう多くはありません。とはいっても終息が見えないので、やはり不安です。**そこで今まで利用歴のある政府系金融機関にすぐ相談し、いつもより多めの融資の申し込みをしました。**このおかげで少し落ち着いて状況を見極めることができます。

② ウェブサイトに店の感染症対策を告知

第二はいち早くウェブサイトに**「新型コロナウィルス感染症対策について」**というページを作成し、具体的に店内で行っている感染症対策を詳しく明記したことです。来店型、対面販売が主のため、最重要だと思いました。

並行して店頭入り口には**「アルコール消毒剤をご協力ください」「店内接客中のときは外でお待ちください」**という張り紙を貼り、入店への抵抗感をできるだけ下げる努力をし、同時に安心感を感じてもらえる努力をしました。

それでも影響がまったくないと言えば嘘になりますし、この甲斐があってかどうかはわかりませんが、飲食店に比べるとまだ、ごく自然に来店していただいているのは、ありがたい限りです。

③ 空いた時間でウェブサイト更新

とはいえ、通常時より接客数が減少したのは事実なので、ならばその空いた時間を、ウェブサイトのコンテンツ更新に当てることにしました。**日頃はまとまった時間を当てれないので、ここぞとばかりにコンテンツを更新、見直したのです。**

ちょうど「佐賀鍛造マイスターリング」のウェブサイトをリニューアルしていたこともあり、嘆いたり不満を漏らしている時間はまったくありませんでした。空いている時間をすべて「この状況下でもいかにしてお客様に来てもらえるか」という集客活動に注力したのです。

④ 新しいデザインサンプルをつくる

また、新しいジュエリーのデザインサンプルをつくりまくっていました。**コロナが少しでも収まったそのときに、店内の商材をパワーアップしておきたいのです。**そしてこの時間をお店の成長に使いたいのです。

⑤ オンラインセミナーを積極的に受ける

さらに、Ｚｏｏｍでの接客のノウハウを教える、オンラインセミナーを受けました。**対面販売が主にやってきた私にも、いずれ必要なときが来ると考えて、いち早く申し込みを**

しました。そのおかげでZoomの概略が理解できました。

私が実践したこの5つの行動の目的はただひとつです。**それは「不安を消す」ことです**。

不安だったら可能な限り手を尽くして、その不安を消すのです。それが正解かどうかなんでわかりませんが、可能な限り！　です。これは今現在も変わりません。

これからどのような時代になるかわかりませんが、私はあらゆる手を使って生き残ります。こんなときだからこそ、そんな強い精神論も一理あると思っています。

最後に事業を起こすにあたって、私なりに必要だと思うことをふたつ、書き留めておきます。

●今までにない物事やサービスをゼロからイチにする、モノを創造する力
●難題、問題が起こった時に切りぬける、解決する力

このふたつがあれば、どうにか切り開いていけるのではないかと思っています。

いかがですか？　自分で人生を切り開いていくのは、冒険的でスリリングです。

たった一度の自分の人生、冒険してみる勇気が少し出ましたか？

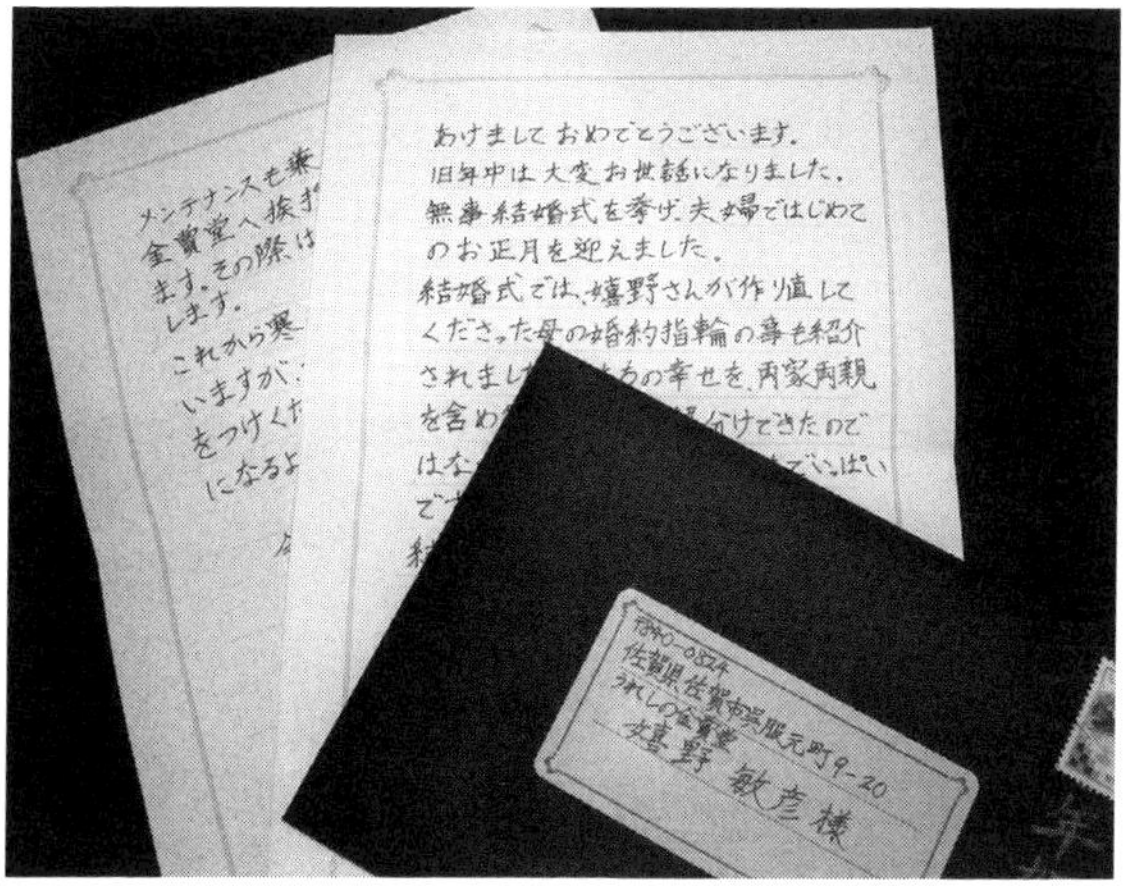
あけましておめでとうございます。
旧年中は大変お世話になりました。
無事結婚式を挙げ、夫婦ではじめて
のお正月を迎えました。
結婚式では、嬉野さんが作り直して
くださった母の婚約指輪の事も紹介
佐賀県佐賀市呉服元町9-20
嬉野 敏彦様

おわりに ～商売こそ、最高にクールな、究極のギャンブル～

最後まで読んでいただき、ありがとうございます。

唐突ですが、あなたはパチンコや競馬はお好きですか？

私は公営ギャンブルはまったくわかりませんし、実際にする習慣はありません。**理由は、商売という究極のギャンブルを日々行っているからです。**

借金して店舗改装をしたり、新しい技術導入のために高価な機械を導入したり、先行きが不透明な立派なギャンブルなのです。しかも趣味ではなく、それで家族を養わないといけないという逃げ場のないギャンブルです。

ただ、公営ギャンブルの結果は自分の努力ではどうすることもできないものがほとんど

おわりに　〜商売こそ、最高にクールな、究極のギャンブル〜

ですが、**商売というギャンブルは努力次第で自分自身の力で勝つことができるのです。**
誰のせいにするでもなく、すべて自己責任で行う最高にクールなギャンブルです。そのギャンブルでお客さんが喜び、お客さんから感謝され、お客さんから十分な対価をいただく。これこそ商いの醍醐味なのです。

私は２０２０年の今、52歳。40代くらいまでは「死んでいくこと」に関心がありませんでしたし、考えもしなかったです。

しかし50歳を過ぎ、先代の父が亡くなると、少しずつ意識が変わり始めました。つまり、今度は「自分の番」が回ってくるということです。

自分の人生、残りは少なくはないかもしれませんが、多くもありません。**ならば、やはり自分の思うように仕事したい、思うように生きていきたい、悔いのない人生を歩むにはどうしたらいいか？**　そんなことを考える時間が多くなりました。

遠回りばかりした人生でしたが、私は今幸いにも、宝石店という天職で素晴らしいお客さんと家族と素晴らしい時間を過ごせてます。

自分が経験した事柄がこれを読んでくれたあなたに少しでもヒントになり、何かを感じてもらえたら、それこそ私が今までの人生で味わったことのない、初めての幸福感となるでしょう。

Please go your own way!

２０１８年5月、２０２０年8月にそれぞれ他界した両親と、創業した祖父に、この本を捧ぐ。

嬉野敏彦

うれしの金賞堂
中尾電機商会
長崎
JEWELRY

嬉野敏彦 Toshihiko Ureshino

ジュエリーデザイナー&エングレーバー（彫師）。有限会社「うれしの金賞堂」代表取締役。一般社団法人リ・ジュエリー協議会認定ジュエリーリモデルカウンセラー1級。デジタルジュエリー協会認定デジタルジュエリーデザイナー。1968年、佐賀県佐賀市生まれ。関西外国語大学英米語学科卒業。銀座の宝飾・時計店「日新堂」にて17年間、テナント店舗の部長職を務めたのち、2008年より独立して、実家の小さな宝飾店「うれしの金賞堂」を継ぐ。取引工房と結婚指輪の自社ブランドを立ち上げ、同時に昔のジュエリーのデザインを作り替えて再生させる「ジュエリーリフォーム」を事業の中心とするビジネスモデルを展開。売り上げアップと共に2010年には黒字転換し、スタート当初の売り上げの400％アップ、社員ゼロで年商数千万円を達成する。現在は、「オーダーメイドの鍛造製結婚指輪やハワイアンジュエリーの製作販売」「デジタル技術&3Dプリンターを使ったオーダーメイドのジュエリー製作」「昔のデザインを作り替えるジュエリーリモデル」などを展開しながら、自社ウェブサイトのみの集客、独自の「ランチェスター接客術」で、11年間新規集客増を続けている。

◆ オリジナル婚約&結婚指輪・ジュエリーリフォーム・宝石専門店

「うれしの金賞堂」 https://www.u-kinshodo.jp/

◆ オーダーメイドの鍛造製結婚指輪

「佐賀鍛造マイスターリング」 https://www.hawaiian-indigo.jp/

書籍コーディネーター：小山睦男（インプルーブ）
装丁･本文デザイン：bookwall
DTP制作：津久井直美
イラスト：emma/PIXTA（ピクスタ）

地方でひとりで起業する!

「オープンマインド式ウェブ集客術」×「ランチェスター接客術」の経営戦略

2020年9月30日　初版第1刷発行

著者　嬉野敏彦
編集人　河田周平
発行人　佐藤孔建
印刷所　株式会社シナノ
発行　スタンダーズ・プレス株式会社
発売　スタンダーズ株式会社
〒160-0008　東京都新宿区四谷三栄町12-4　竹田ビル3F
営業部　Tel.03-6380-6132　Fax.03-6380-6136

©Toshihiko Ureshino 2020 Printed in Japan
◎本書の内容に関して質問がある場合は、スタンダーズ株式会社までご一報ください。
（メール：info@standards.co.jp または、Fax：03-6380-6136までお願いします。

電話でのご質問はご遠慮ください）。
◎乱丁、落丁本はお取替えいたします。
◎本書の無断転載を禁じます。